KREUZFAHRTEN

DIE SCHÖNSTEN SCHIFFSREISEN DER WELT

TEXT *Jörg Bertram* · *Ralf Niemzig* FOTO

IMPRESSUM Text JÖRG BERTRAM · Fotografie RALF NIEMZIG · Design ANDREAS PORSCH · Druck BOSCHDRUCK, Landshut ·
Die Autoren möchten hiermit allen danken, die am Gelingen dieses Projektes beteiligt waren. An erster Stelle den Reedereien und der Air France, aber auch allen Personen, die sich bereitwillig fotografieren und interviewen ließen. Printed in Germany 2003.

ISBN 3-7750-0398-3

KREUZFAHRTEN

DIE SCHÖNSTEN SCHIFFSREISEN DER WELT

TEXT *Jörg Bertram* · *Ralf Niemzig* FOTO

HÄDECKE

Zugegeben, es ist schon ein Kreuz mit den Kreuzfahrten: Denn neue Schiffe hin und jüngere Konzepte her – Klischees gibt's noch immer wie Sand am Meer, und das Bild vom schwimmenden Seniorenheim scheint auf ewig jeder noch so stürmisch angelegten Imagekorrektur zu trotzen.

Dass es auch ganz anders geht (oder besser, schwimmt), beweist dieses Buch: 14-mal haben wir uns dafür auf hohe See begeben und dabei ebenso oft unseren Kreuzfahrer-Horizont erweitern können: Wir trugen Smokings in der Südsee, tanzten barfuß durch die Karibik, kletterten auf Schiffschornsteine im Atlantik und schwebten im Mitsommernachtshimmel über Alaska...

„Zu alt", „zu langweilig" oder „zu traditionell" gibt es für uns seitdem nicht mehr. Nur noch „zu teuer" – obwohl sich auch in Sachen Preis einiges getan hat: Wurden Reederei-Rabatte einst nur unterm Reisebüro-Tisch weitergegeben, sind inzwischen Sonderangebote und Last-minute-Schnäppchen auch bei Schiffsreisen selbstverständlich geworden. Und außerdem drängen immer neue Schiffe auf den Markt, die sich in Sachen Preisgestaltung eher an Familien mit Kindern oder junge Paare und Singles wenden. Also, höchste Zeit, seine Vorurteile endlich über Bord zu werfen und die (Luxus)-Liner dieser Welt als schwimmende (Nobel)-Hotels kennen zu lernen, die ihrer Konkurrenz an Land vor allem eines voraushaben: jeden Morgen einen anderen atemberaubenden Ausblick vor dem Kabinenfenster!

In diesem Sinne: Viel Lust auf Meer und dieses Buch. Und viel Spaß beim Seefahren – wo immer Sie auch aufkreuzen mögen!

Jörg Bertram & Ralf Niemzig

DEUTSCHLAND

SOAP-STAR IN DER SÜDSEE

ECHT FERNSEHTAUGLICH: MIT DEM „TRAUMSCHIFF" ZU DEN PARADIES-INSELN DES PAZIFIKS.

„Ja, ist das da unten nicht die Beatrice?“ „Nein, nein! Das ist die nicht! Die da ist die echte! Ähm... Also, ich meine natürlich die unechte... Weil die echte, die gibt es ja nur in unecht... Ähm... Obwohl: zur Zeit, da gibt es sie eigentlich schon in echt... Ähm... Wenn Sie verstehen, was ich meine...“ Ähm...

Nein, wir verstehen ihn nicht, den freundlichen Herrn an der Reling. Aber vielleicht liegt das ja auch an den 30 Grad Außentemperatur. Oder an den 32 Stunden Flug. Auf jeden Fall sieht die Dame da unten auf dem Kommodoredeck ganz eindeutig nach Beatrice aus – unserer Lieblings-Stewardess –, seit mehr als 20 Jahren auf dem Traumschiff tätig und seitdem die Fantasiegestalt unserer fernwehfiebrigen Winternächte. Pünktlich zur Weihnachtszeit versorgt sie uns mit den sagenhaftesten Stories aus der Seefahrerwelt. Mit Geschichten, die das Leben niemals schreiben würde und die trotzdem hohe Gefühlswellen schlagen...

Ganz schön kunstvoll: Mehr als 150 Gemälde und Skulpturen verwandeln die Deutschland in ein schwimmendes Museum.

Traumschiff unter Palmen: Die Deutschland im Hafen von Nouméa.

Lieblingsplatz für lange Frühstücksstunden: das „Lido Gourmet".

Aber, Kitsch beiseite und am besten alles der Reihe nach – so, als könnten wir bei dieser Traumschiff-Folge selbst Regie führen. Also, erster Drehtag: im Hafen von Nouméa, der Hauptstadt Neu-Kaledoniens. Auf der MS „Deutschland" beginnt die fünfte Etappe der Weltreise: Drei Wochen Nordkurs durch die Südsee. Ein Abenteuer nicht nur für die Gäste – auch für den Kapitän und seine Crew sind einige der Inseln und Häfen absolutes Neuland.

Doch noch herrscht auf den Decks friedliche Ruhe: Wer eben erst angekommen ist, hat sich zum Auspacken in seine Kabine zurückgezogen. Wer schon seit ein paar Wochen an Bord weilt, ist entweder in der Stadt unterwegs oder genießt die nachmittägliche Teestunde auf der Lido-Terrasse.

Keine schlechte Gelegenheit also, um bei einem kleinen Spaziergang die wahre Größe unserer Hauptdarstellerin kennen zu lernen. Der erste Eindruck: ein schwimmendes Grand-Hotel und eine stilvolle Remineszenz an die Goldenen Zwanzigerjahre. Hier heißt die Bar noch „Alter Fritz" und der Salon „Lili Marleen". Am Abend trifft man sich zum Walzer im „Kaisersaal" und tagsüber brennt im offenen Kamin der „Adlon-Lounge" ein (künstliches) Feuer... Doch obwohl die „Deutschland" so herrlich altmodisch daherkommt, ist sie ein hochmodernes Schiff: 1998 erbaut und mit all der High-Tech ausgestattet, die sich unter Stuckdecken, Holzvertäfelungen und Zierleisten gerade so verstecken lässt.

Pünktlich um sieben hat sich am nächsten Morgen bereits die erste Gruppe jetlag-geplagter Bettflüchtlinge versammelt. Am Frühaufsteher-Buffet duftet es nach ofenfrischen Croissants und dampfendem Café au lait – „voilà le petit déjeuner", erklärt uns ein strahlender Kellner, „denn schließlich befinden wir uns noch immer in Neukaledonien, dem schönsten Übersee-Territorium der Grande Nation."

Erst gegen Abend soll die „Deutschland" Nouméa verlassen. Zeit genug, um dem seltsamen Charme der Inselhauptstadt zu erliegen. Auf wenigen Quadratkilometern vereinen sich hier französisches Savoir-Vivre und authentisches Südsee-Flair zu einer exotischen Melange. Shopping bei Hermès und danach ein Bummel durch die Altstadtgassen hinunter zum Fischmarkt? Klingt nach Côte d'Azur und ist auch „très typique" für dieses palmenbewachsene Stückchen Paradies, das dem alten Europa irgendwie näher zu sein scheint, als eine halbe Umdrehung der Erdkugel es vermuten lässt.

Die drittgrößten Nickelvorkommen – und einer der mächtigsten Naturhäfen der Welt haben der Insel einst relativen Reichtum beschert. Einiges davon ist auch heute noch in Nouméas vornehmen Villenvororten zu spüren. Und so wird unsere nachmittägliche „tour de ville" zu einem spannenden Ausflug auf den Spuren kolonialer Relikte und südpazifischer Realität.

Und dann ist es endlich so weit: Im letzten Licht des Tages verlässt die „Deutschland" ihren Liegeplatz. Zu den Klängen der Traumschiff-Melodie sowie hunderter klirrender Champagnerkelche gleiten wir hinaus aufs offene Meer und hinein in golden schimmernde Wellentäler und purpur leuchtende Wolkenberge.

Runde Sache: Die gläserne Kuppel über dem Haupttreppenhaus verleiht das Flair legendärer Grand-Hotels.

Ein filmreifes Szenario, dessen ganzer Zauber sich ein paar Monate später auch im ZDF bewundern lassen wird. Während unserer Reise entstehen an Bord nämlich die neuesten Folgen der populärsten deutschen Fernsehserie – und was wäre die schließlich ohne ein paar glutrote Sonnenuntergänge hinter Händchen haltenden Liebespaaren?

Der nächste Tag: Nach dem Lunch lockt ein Logenplatz im Liegestuhl. Lange kann es nicht mehr dauern, bis am Horizont die ersten Umrisse Vanuatus auftauchen. Doch bis wir das „auferstandene Land" erreicht haben, ist Ruhen angesagt. Oder Reiseführerwälzen. Denn kaum jemand weiß so genau, was ihn jenseits der Gangway erwarten wird. „Steinzeit pur" sagen die einen und erzählen von „grimmigen Stammeshäuptlingen", „Kriegern mit Penisköchern" und „wilden Eingeborenen".

„Ein typischer Schwellenstaat" berichten hingegen die anderen und verweisen auf EU-geförderte Agrarprojekte, eine vorbildliche Umweltpolitik und einen im Aufbau begriffenen Tourismus.

Wie wir Vanuatu tatsächlich erleben? Zum Beispiel auf dem Rücksitz eines hupenden Hafentaxis, das uns vorbei an Lagerhäusern, Leuchtreklamen und der UPS-Auslieferungszentrale in die Inselhauptstadt Vila bringt. Oder auf dem Parkplatz vor der Markthalle, wo sich die Pick-ups drängeln und die Bananenberge direkt von der Pritsche verkauft werden. Oder aber entlang des Kumul-Highways, der Haupt-, Küsten- und Einkaufsstraße mit seinen Schmuckgeschäften, Souvenirläden und Dependancen französischer Supermarktketten.

Dreieinhalb Stunden dauert unser Aufenthalt an Land. Genügend Zeit, um festzustellen, dass auch hier das dritte Jahrtausend längst Einzug gehalten hat. Und dass „das Ende der Welt" endgültig aufgehört hat zu existieren. Weil auch hier längst Internet-Cafés wie Pilze aus dem Boden sprießen, und dort, wo sich gestern noch „Fuchs und Hase Gute Nacht sagten", heute schon ein Wald aus Sendemasten in den Himmel ragt. Vila auf Vanuatu bildet in dieser Hinsicht keine Ausnahme. Und Tradition? Die gibt's an Bord der Deutschland sowieso im Überfluss...

Später am Abend findet im Kaisersaal eine Talkshow statt. Stargast von Kreuzfahrtdirektor Peter Jurgilewitsch ist der Abenteurer Rollo Gebhard. „Damals", so beginnt der seinen verklärten Monolog „war das auf Vanuatu noch anders. Da musste man noch um sein Leben laufen und nachts auf der Lauer liegen. Da gab es noch schwarze Magier und geheimen Zauber in den Dörfern. Und überhaupt", so fährt er fort, „brauchte man noch Mut und Männlichkeit – damals..."

Kleine Tänzer beim Kolibri-Tanz.

1993 kam Gebhard von seiner dritten Weltumsegelung zurück. Seitdem lebt er von seinen Erinnerungen. Und von einem Publikum, wie dem auf der MS „Deutschland" – in Ehren ergraut und von unstillbarer Sehnsucht an die „guten alten Zeiten" erfüllt.

Badestopp in der Champagner-Bay. Tenderboote bringen uns vom Schiff an Land, durchpflügen wannenwarmes Wasser und tauchen ein in eine Welt, wie von Gauguin gemalt. Wir planschen im Pa-

Tradition ohne Moderne: Auf Papua-Neuguinea sind die uralten Stammestänze noch nicht zur Touristenattraktion verkommen.

zifik, bauen Burgen aus puderzuckerfeinem Sand, sehen uns nicht satt am Blattgrün der Urwaldhügel. Irgendwann so um die Mittagszeit schickt uns das Traumschiff dann noch eine ganze Tenderladung Sekt in die Champagnerbucht – stilvoll serviert von stolzen Stewards, die mit silbernen Tabletts durch die brusttiefen Fluten balancieren. Ein feuchtfröhliches Vergnügen, würden nicht wenig später bereits die ersten grauen Wolkenwände aufziehen und grelle Gewitterblitze für unsere Vertreibung aus dem Paradies sorgen.

Überhaupt scheint der Regen auf dieser Reise ein ständiger Begleiter zu sein: mal peitscht er einen ganzen Nachmittag lang voller Wut über die Decks, dann sorgt er beim Sonnenbaden für eine sekundenkurze und sanft-prickelnde Erfrischung. Innerhalb weniger Minuten verwandelt er die smaragdschimmernde See in ein Meer aus grässlichen Grautönen. Und wenn er keine Lust mehr hat zu fallen, lässt er Regenbögen aufsteigen. Oder Nebelschwaden, die wie Wattebäusche über den Wellen schweben. Sein Geruch ist süß und schwer. Er betäubt die Sinne, macht schlaftrunken, prasselt als kleine Nachtmusik gegen unser großes Kabinenfenster.

Insgesamt 4.604 nautische Meilen oder 8.527 Kilometer trennen Neukaledonien von unserem Zielhafen Manila. Dazwischen liegen einige der aufregendsten Inseln der Welt – und mindestens ebenso viele erholsame Tage auf See. Manche von ihnen dauern lang – dank Zeitverschiebung ganze 25 Stunden – und trotzdem erscheinen sie uns immer noch zu kurz. Denn zwischen Morgengymnastik und Mitternachtsimbiss locken Vorträge und Stepptanzkurse, fünf Mahlzeiten und mannigfache Möglichkeiten, all' die Dinge zu tun, für die uns an Land immer die Muße fehlt.

Unser letzter Besuch im Museum? Liegt Monate zurück. Doch Peter Deilmann sei Dank, dient die „Deutschland" auch als schwimmende Kunstgalerie. Rund 150 Exponate hat der Holsteiner Reeder über die Decks seines Flaggschiffes verteilen lassen. Ausgerüstet mit dem schiffseigenen Ausstellungskatalog kann die Entdeckungstour durchaus einen ganzen Seenachmittag dauern. Denn egal ob schwerer Schinken in Öl oder filigrane Statue aus hauchdünnem Porzellan, jedes Stück hat seine Geschichte und seinen ganz besonderen Platz an Bord.

Sekt in der Champagner-Bucht: So prickelnd kann die Südsee sein…

Baden im Luxus: Das Leben ist schön, wenn Schwimmen und Schwofen den Tag bestimmen.

Aber auch das Fitness- und Wellnessangebot kann sich sehen lassen: Außenpool und Hallenbad, ein kleines Gym sowie Steamroom und Panoramasauna mit Blick aufs Meer locken Sportbegeisterte und Figurbewusste, die sich vor dem Dinner noch schnell ein Filet Mignon oder Marzipantörtchen erradeln wollen. Apropos Essen: Als Anerkennung für Meisterleistungen auf Welt(meer)-niveau wurde die „Deutschland" sogar mit der begehrten Empfehlung der „Chaîne des Rotisseurs" ausgezeichnet.

Während wir das Kulinarische also auch weiterhin getrost der Küchenbrigade überlassen können, sind unsere Komparsendienste beim ZDF-Traumschiff-Team hingegen durchaus erwünscht: Wer will, trägt sich in eine lange Liste ein, verzichtet fortan auf seine Rechte am Bild sowie auf jede Form von Honorar und erhält dafür das ganz besondere Privileg, einmal mit einem Glas Bier *hinter* dem Bildschirm sitzen zu können. Kein Wunder, dass der Run auf die Statistenrollen groß ist und so mancher Gast für seinen Sekundenauftritt sogar den ein oder anderen freien Nachmittag auf See in den Wind schießt. So ganz kann sich jedenfalls kaum einer der „Faszination Fernsehen" entziehen – denn, so scheint es: wer nicht selbst im Vordergrund stehen will, beobachtet das Treiben hinter den Kulissen zumeist umso genauer: „Haben Sie heute morgen die Kubitschek beim Yoga gesehen? Erstaunlich beweglich für ihr Alter..." „Ist es nicht entzückend wie die Wussow eben mit ihrem Kleinen im Pool gespielt hat? So eine gute Mutter..." „Und stellen Sie sich vor, der Otto Sander und sein Sohn, der Ben, haben gestern Abend noch mit meinem Mann eine Partie Skat gespielt! Natürlich hat meiner gewonnen..."

Wer, wann, wo, mit wem und warum? So manches Schwätzchen an Bord klingt wie der neueste Klatsch aus den Gesellschafts-Gazetten.

Der heimliche Star unter so viel TV-Prominenz ist jedoch Schauspielerin Heide Keller. Ihre populäre Rolle als Beatrice hat übrigens dazu geführt, dass die Position der „Chef-Stewardess" tatsächlich von der Reederei an Bord eingeführt wurde. Besetzt ist sie mit Sylvia, einer symphatischen Schweizerin, die ihrem Serienvorbild zum Verwechseln ähnlich sieht und somit auch endlich unser Kommunikationsproblem vom ersten Nachmittag erklärt. Denn, Beatrice ist ja eigentlich Heide. Oder eben Sylvia – also, die echte! Ähm... Also, ich meine natürlich die unechte...

Das kann selbst einen Seemann noch erschüttern: Traumschiff-Kapitän Siegfried Rauch versucht sich an Sinatra-Songs.

Wo Papua-Neuguinea am prachtvollsten ist: Die Hafeneinfahrt von Madang (s.o) und ein Bergsee im indonesischen Inselteil.

Staunen auf beiden Seiten: Die Deutschland vor Jayapura.

Auf der Suche nach den sagenhaften Goldinseln des Königs Salomon entdeckte Alvaro de Mendana im Jahre 1568 einen kleinen melanesischen Archipel. Der Spanier glaubte sich am Ziel, gab den Salomonen den Namen seiner Sehnsüchte und lockte in seinem Gefolge unzählige Kaufleute, Missionare und Sklavenhändler an. 1893 erklärte London die Inselgruppe zum englischen Protektorat. Knapp 50 Jahre später landeten hier, gegen Ende des Zweiten Weltkriegs, japanische Truppen. Die sechsmonatige Schlacht mit den nachfolgenden US-Marines forderte fast 24.000 Soldatenleben. Danach sind die Salomonen wieder von der Weltkarte verschwunden und selbst in der Hauptstadt Honiara scheint man sich daran gewöhnt zu haben, dass die Ströme asiatischer Investoren und australischer Südseetouristen seit der Wirtschaftskrise Mitte der 90er Jahre auf ewig versiegt sind. Abwechslung vom Wellblechgrau der Häuserfassaden und den rostigroten Schiffswracks im Hafen verspricht da ein Besuch in Chinatown. Am Ufer des Mataniko-Rivers gelegen, hat sich hier eine kleine Stadt in der Stadt entwickelt – mit verandaverbauten Holzhäusern und Pfahlbauten, die eine Vielzahl kleiner Geschäfte und Garküchen beherbergen.

Egal ob Sandakan auf Borneo oder das indonesische Jayapura – hinter den klangvollsten Ortsnamen verbergen sich manchmal die hässlichsten Hafendörfer. Später, im TV, wird es vielleicht so ausschauen, als führte der Weg von der Schiffsgangway vorbei an schilfblattgedeckten Bambushütten direkt an den nächsten Palmenstrand. In Wirklichkeit hat jedoch kaum ein Anlaufpunkt das Zeug zum klassischen Postkartenmotiv. Exotisch: ja. Paradiesisch: auf keinen Fall. Kreuzfahrt-Tourismus ist hier noch nahezu unbekannt und deshalb fehlt es auch an hübschen Uferpromenaden, kleinen Straßencafés und Bastrock tragenden Souvenirverkäufern. Dafür werden wir jedoch bei der Einfahrt in den Hafen von Madang von hunderten kleinen Fischerbooten begleitet und bei einem Bummel durch Bitung von vorwitzigen Schulkindern über das Leben „auf der anderen Seite des Wassers" befragt. Es sind derartige Momente, die diese Reise zum einzigartigen Erlebnis machen, solche Situationen, die uns plötzlich wieder staunen lassen.

Und dann gibt es da noch die zahlreichen Ausflüge: Trips zu verwaisten Orang-Utan-Babys, die in Malaysia auf ihre Auswilderung warten. Touren, die uns zu glasklaren indonesischen Bergseen führen und zu abgelegenen Dschungelsiedlungen auf Papua-Neuguinea. Zu prachtvollen Tempeln, tanzenden Schamanen und zu den Schlammmenschen im Sulawesi-Hochland. Erlebnisreiche Expeditionen, auf denen wir uns wie die Abenteurer vorkommen und die beim abendlichen Absacker im „Alten Fritz" beinah romanreif geschildert werden.

„Äquator, am 06.03.2003", steht auf dem Zertifikat, das jedem Passagier die Überquerung der Globusmitte an Bord der „Deutschland" bestätigt. Neptun selbst, der „Herrscher aller Meere, Seen, Tümpel, Badewannen und Pfützen" hat das denkwürdige Dokument unterschrieben und am Vormittag, während der traditionellen Taufzeremonie

Feucht und fröhlich: Die Taufzeremonie anlässlich der Äquatorüberquerung (s.o.).
Die Happy-Hour im „Alten Fritz" >

für jede Menge Wirbel an Bord gesorgt. Da wurden Fische geküsst und Schnäpse gekippt, Locken geopfert und ansonsten ehrbare Passagiere in „säuselnde Seekühe" umbenannt. Doch Götterbesuch hin und anschließende Poolparty her – der eigentliche gesellschaftliche Höhepunkt einer „Deutschland"-Reise ist die „Ballnacht im Stil der 20er Jahre". Schon am Morgen beginnen an Bord die Vorbereitungen, werden vor dem Kaisersaal Gamaschen, Federboas und Zigarettenspitzen verkauft, lassen sich die Damen beim Bordfriseur kecke Schleierhütchen ins Haar stecken und die Herren mit Pomade auf Hochglanz bringen. Passend zum Anlass hat sich die Küchenbrigade vom „Grand Diner" inspirieren lassen, das im August 1933 an Bord der „MS Rex" serviert wurde, als diese auf der Jagd nach dem Blauen Band den Atlantik überquerte. Und so servieren unsere Stewards an diesem Abend die herrlichsten Speisen der „Haute Cuisine Traditionelle": „Lachsröllchen mit Flusskrebsen und Kräutersträußchen", „Doppelte Kalbs-Kraftbrühe mit gefüllten Profiteroles", „Rinderfilet Wellington" oder „Ziegenkäseterrine mit Pfirsich-Senfmarmelade" – Delikatessen, als Appetitmacher auf einen rauschenden Galaabend mit Walzertönen, Charlestonklängen und vollgeschriebenen Tanzkarten.

Tage später, das Bordprogramm vermerkt den 84. Sonnenaufgang seit Beginn der Weltreise, hat die „Deutschland" ihr Etappenziel Manila erreicht. Hinter uns liegen drei Wochen Südsee. Vor uns die Aussicht auf eine Nacht im Flieger und ein Erwachen im winterkalten Europa. Spätestens zu Weihnachten wollen wir wieder an Bord sein, mit Beatrice über die Decks flanieren und im Restaurant Berlin die legendäre Eisbombenparade abnehmen. Wahrscheinlich werden wir uns dabei entspannt in unserem Fernsehsessel zurücklehnen und mit einem Lächeln feststellen, dass es das Traumschiff auch in Wirklichkeit gibt und Zeitreisen zumindest in der Südsee kein Wunschtraum bleiben müssen.

Pool-Position: Immer ein guter Treffpunkt – egal ob zur Grillparty unter Sternen (s.o.) oder zur mittäglichen Siesta auf See. >

Queen Elizabeth 2

QUEEN ELIZABETH 2

„IHRE MAJESTÄT, DIE KÖNIGIN DER MEERE“ – EIN REISETAGEBUCH, AUFGEZEICHNET ZWISCHEN SOUTHAMPTON UND NEW YORK

ZUGEGEBEN, ES GIBT SCHNELLERE MÖGLICHKEITEN, UM VON DER ALTEN WELT IN DIE NEUE ZU GELANGEN – ABER KEINE STILVOLLERE...

Einer von sechs Sehtagen auf der Queen Elizabeth 2.

1. Tag – Ablegen

Von nun an werden wir also keinen festen Boden mehr unter unseren Füßen spüren, am Horizont kein Land mehr sehen und jeden Tag mehr Meer genießen. Southampton und das Festland mit den winkenden Menschen und der Kapelle am Kai haben sich irgendwann hinter dem riesigen feuerroten Schornstein in Rauch aufgelöst. Nur ein paar aufgeregte Möwen und zwei wagemutige Segelboote begleiten unseren Weg hinaus auf die offene See. An Deck ist es ruhig geworden. Fast alle Mitreisenden haben sich in ihre Kabine zurückgezogen. Sie wollen sich schön machen, denn immerhin ist „Ihre Majestät, die Königin der Meere“ von nun an unsere Gastgeberin. Dort, wo jetzt langsam die Sonne untergeht, ist Amerika. In sechs Tagen wollen wir da sein.

Volldampf voraus: mit 52 km/h durchpflügt die QE 2 den Atlantik. Ihr Ziel: die neue Welt.

HÄGGLUNDS-MTT
CRANE NO. 202
SWL 5T-18M

North Atlantic Crossing

Die „Queen Elizabeth 2" ist der letzte große Oceanliner, der die klassische Transatlantikroute befährt. Sie wurde 1969 in Dienst gestellt und gilt bis heute als schnellstes Passagierschiff im Liniendienst. Auf der sechstägigen Überfahrt von Southampton nach New York – oder umgekehrt – beherbergt sie maximal 1.800 Passagiere und rund 1.000 Besatzungsmitglieder. Der fast 300 Meter lange und vom Kiel bis zur Mastspitze 62 Meter hohe schwimmende Dinosaurier verfügt über 11 Motoren und 130.000 PS.

Die durchschnittliche Reisegeschwindigkeit beträgt 28,5 Knoten oder 52 km/h.

2. Tag – Entdecken

Als tanzende Lichtwelle schwappt der Atlantik durch die beiden Bullaugen direkt an die Kabinendecke. Einen Moment lang überflutet sie den ganzen Raum, um sich dann an den leise knarrenden Holzwänden zu brechen – so ist es also, wenn man morgens viele hundert Meter über dem Meeresboden wach wird. Draußen im Flur riecht es nach Abenteuer und Eau de Toilette: Überall entschlossene Eroberer, die mit Schiffsplänen und Tagesprogrammen, mit Ferngläsern und Cashmereplaids die schwimmende Stadt einnehmen.

Im Bordkino läuft gerade der neueste Hit aus Hollywood. Nur wenige werden ihn sich anschauen wollen, denn Sehenswertes findet jetzt nicht auf der Leinwand statt. Stattdessen trifft man sich an der Reling, wo Mitreisende Wale und verloren gegangene Schiffsladungen entdeckt haben wollen. Oder in den noblen Boutiquen der Ladenpassage, wo diamantenbehangene Damen mit den Schaufensterauslagen um die Wette glitzern. Oder im „Golden Lion Pub", wo Maureen, die Gesellschaftsdirektorin, in die hohe Kunst des Seidenschalbindens einführt.

Ganz weit oben, auf dem Boat Deck, ist vor der magischen Milchglastür für die Mehrzahl der Passagiere Schluss mit der Entdeckungstour. Dahinter liegen die Penthousesuiten, zwei Etagen hoch, mit eigenem Balkon und Butler. Man sagt, dass dort das Tafelsilber noch ein wenig heller glänze und der Luxus keine Grenzen mehr kenne. Und man weiß, dass dort die Prominenz absteigt, die sich nur ungern unter das gemeine Seefahrervolk mischt, das schon ab 1.300 Euro dabei sein darf. Ein allerletzter Hauch von Klassengesellschaft, der die meisten Mitreisenden allerdings völlig kalt lässt.

Für alle, die es blau auf weiß nachlesen wollen, hängt im Golden Lion Pub die große Atlantikkarte.

„Und wo gibt's hier Delfine, Papa?"

Tiefer unten laufen derweil beim Bordcoiffeur die Föhne heiß, haben die Maniküren alle Hände voll zu tun, ist im Beauty-Salon jeder Platz belegt. Schließlich hat Captain Roland Hasell für heute Abend zu Welcome-Cocktails und Shake-Hands geladen.

Ganz weit draußen sind in der Nacht die Positionslichter eines entgegenkommenden Frachters zu erkennen. Wie unser Schiff wohl aus der Ferne aussieht?

NOCH FÜNF TAGE BIS NEW YORK.

Shake Hands & Small Talk beim obligatorischen Captain's Empfang.

Die „QE 2" verfügt über zwölf Decks und 781 Passagierkabinen. Neben einem bordeigenen Hospital steht auch eine Tag und Nacht geöffnete Arztpraxis zur Verfügung. Außerdem gibt es an Bord einen Kindergarten, eine Bank, zwei Whirlpools, ein Dampfbad, ein Spa mit Thalassotherapie...

3. Tag – Genießen

Morgen: Fünf Runden um das Boat Deck entsprechen einer Meile, zehn Runden rechtfertigen Rühreier und wenn man danach noch in den Pool springt, um hoch über dem Atlantik ein paar Bahnen zu ziehen, könnte man danach vielleicht sogar noch einen kleinen Pancake verdrücken. Stattdessen kann man aber auch liegen bleiben, sich im sanften Schaukeln des Schiffes wiegen, vom kleinen Hävelmann träumen, der in seinem Bettchen einst die Welt durchkreuzte, und sich später das Frühstück am Bett servieren lassen.

Mittag: Wir sollten Murdy und Rudi, unsere beiden Stewards, nicht länger warten lassen. Es wäre wirklich unhöflich jetzt nicht zu erscheinen. Außerdem könnten wir uns ja für einen ganz leichten Lunch entscheiden und auf die leckeren in Schokolade getauchten Erdbeeren zum Dessert verzichten...

Nachmittag: Gut, dass der „Five o'clock tea", der im deutschsprachigen Programm übrigens als simpler „Kaffeeklatsch" angekündigt wird, an Bord schon um vier Uhr serviert wird. Denn wer hätte je gedacht, dass man sich an Gurkensandwiches und sonstige Extravaganzen des Empires so schnell gewöhnen kann?

Abend: Wenn wir Lachs statt Lamm zum Hauptgang nehmen, könnten wir noch einmal eine Flasche von diesem fantastischen südafrikanischen Weißwein bestellen – oder aber: wir lassen Suppe und Sorbet weg und nehmen stattdessen...

Mitternacht: Der Weg in die Kabine ist weit und führt fast zwangsläufig am großen Gala-Buffet vorbei. Trotzdem bleiben die meisten hart und hungrig, denn noch ist die Frage nach Zartbitter, Orange oder Trüffel nicht beantwortet. Und so flaniert man also weiter und überlegt, welches Praliné wohl heute auf dem Kopfkissen liegen wird, um eine Gute Nacht zu wünschen.

VIER TAGE BIS ZUM FESTLAND.

Alles, nur nicht zweitklassig:
Das Caronia-Restaurant für „Economy"-Passagiere.

Gespeist wird auf der „Queen Elizabeth 2" in fünf verschiedenen Restaurants. Wo genau, entscheidet die gebuchte Kabinenkategorie. Auf einer einzigen Transatlantikreise werden von den Köchen an Bord 1.500 Hummer gekocht, 50.000 Eier verbraten und 40 Kilogramm frische Kräuter geschnitten. In den Kellern müssen nach der Ankunft rund 780 Flaschen Champagner und 1.600 Flaschen Wein nachgefüllt werden. Mit einem Jahresverbrauch von 2,5 Tonnen gilt die „QE2" als der größte Kaviarkonsument der Welt.

4. Tag – Zeit haben

Manchmal, wenn man im Liegestuhl liegt und tagträumt und dabei zufällig im rechten Moment in die Sonne blinzelt, kann man ganz weit oben am Himmel ein Flugzeug erkennen. Da hinten, wo sich sein Kondensstreifen mit dem Kielwasserweiß und dem Himmelblau zu einem winzigen Punkt verbindet, ist es vor ein paar Stunden gestartet. Und da vorne, wo unser Auge noch tagelang kein Land ausmachen kann, wird es in ein paar Stunden landen.

Um von Europa in die USA zu gelangen, braucht es weniger als einen halben Tag und trotzdem werden seine Gäste darüber jammern, wie viel Zeit ihnen durch die lange Reise verloren ging. „Time is money" werden sie sagen, während sie am Gepäckband auf ihre Koffer und ihre Köpfe warten, die vielleicht noch nach uns und unserem Schiff ankommen. Denn viel zu kurz war die Zeit unterwegs, um Körper und Geist mit der wahren Entfernung vertraut zu machen.

Währenddessen sitzen wir, wie an jedem Tag zu diesem Sonnenstand, in der Bibliothek, schauen auf Wellen und Wolken hinaus, lesen die Bücher, die uns an Land immer zu lang vorkamen, und stellen fest, dass Zeit Luxus ist.

Spät am Abend, wenn die Sterne über dem Schiff wie in alle Winde verwehter Diamantenstaub glitzern, werden wir auf unserem Weg hinauf an Deck noch einmal vor dem „Radio Room" haltmachen und auf die polierte Messinguhr schauen. „QE2-time" steht darauf. Irgendwann heute Nacht wird sie beim Passieren einer weiteren Weltzeitzone für eine Stunde stehen bleiben, und uns noch mehr Zeit schenken.

VON NUN AN SIND ES NOCH DREIMAL 25 STUNDEN BIS IN DIE NEUE WELT.

Genuss rund um die Uhr – egal ob beim Five o'clock-Tea (s.o.) oder beim Mitternachtsbuffet (s.u.).

Die bordeigene Driving Range: Abschlagen mit der Aussicht auf unendliches Blau.

1990: Zum 150-jährigen Bestehen der Reederei Cunard stellt die „QE2" einen neuen Geschwindigkeitsrekord auf: In vier Tagen, neun Stunden und 57 Minuten erreicht sie, von Southampton kommend, New York.

1997: Die Transatlantiküberfahrten verlängern sich von fünf auf sechs Tage. Ab sofort lassen sich so pünktlichere Ankunfts- und Abfahrtszeiten garantieren und wetterbedingte Verspätungen auffangen.

2004: Mit Beginn des Jahres wird die „QE 2" von ihrer Nachfolgerin abgelöst. Künftig wird sie „nur noch" als ganz normales Kreuzfahrtschiff fungieren. Doch der Mythos Transatlantikreise lebt weiter – an Bord der „Queen Mary 2".

5. Tag – Unterwegs sein

Heute Morgen, so gegen fünf, als alle noch schliefen und die „QE2" wie ein Geisterschiff über den spiegelglatten Ozean zog, haben wir in 30 Meilen Entfernung die Stelle passiert, an der damals die Titanic versank. Eigentlich, so sagt uns der Kapitän später, wären wir ja direkt darüber hinweg gefahren. So wie sonst. Aber in diesem Jahr gibt es viele Eisberge in der Region und deshalb haben wir den südlicheren Kurs gewählt. Eine kleine Umleitung auf der Transatlantikroute, die in ihrem Verlauf ansonsten genauso festgelegt ist wie jede Autobahn an Land.

Den Damen und Herren Mitreisenden, die sich stets zur gleichen Uhrzeit vor der großen Seekarte treffen, mag dies egal sein. Sie interessieren sich nur für Wetter, Wind und Wellengang, für westliche Längen, nördliche Breiten, und für die genaue Position des kleinen Papierschiffchens, das unsere Riesin symbolisiert und von den Offizieren jeden Tag ein bisschen weiter nach Westen geschoben wird. Indes äußern wir ganz vorsichtig den Wunsch, einmal „Titanic" spielen zu dürfen, wie Kate und Leonardo an der Bugspitze zu stehen und die Arme auszubreiten. Doch für so viel Romantik ist im rauen Seefahrerleben kein Platz. Angeblich würde es uns da vorne direkt über Bord wehen. „Aber Kate und Leonardo haben doch auch..." sagen wir noch – „selbst die hätte es bei dieser Geschwindigkeit umgehauen", bekommen wir zur Antwort und sind dann doch ein wenig desillusioniert.

NUR NOCH ZWEI TAGE BIS MANHATTAN.

Ausreichend Platz an der Sonne: Die QE2 bietet riesige Freidecks und Liegestühle für alle.

Die „Queen of the Queen": Beatrice Muller, Dauergast an Bord.

Insgesamt beträgt die zurückgelegte Strecke zwischen England und den USA rund 3.000 Seemeilen. Der Kraftstoffverbrauch während einer ganz normalen Überfahrt beläuft sich auf etwa 430 Tonnen am Tag oder 18 Tonnen pro Stunde. Eine Tankfüllung würde ausreichen, um 30 Tage Nonstop unterwegs zu sein und in dieser Zeit zwei Drittel der Erde zu umrunden.

6. Tag: Menschen kennen lernen

Pastellfarbene Karohosen trägt er, ein zitronengelbes Poloshirt und eine alberne Kappe, die ihm beim Bücken immer wieder auf die Nase rutscht. Seit fast einer Stunde nimmt er schon die Driving Range in Beschlag, angefeuert von den begeisterten ‚Ahs' und ‚Ohs' seiner Gemahlin. „Honeymooner", erklärt uns Beatrice Muller verständnisvoll. Seit Januar 2000 residiert die „Queen of the Queen" an Bord – lediglich unterbrochen durch zehntägige Zwangsaufenthalte an Land, während der alljährlichen Wartungsarbeiten im Trockendock. Rund $ 5.000 im Monat bezahlt die 83-Jährige für ihr schwimmendes Zuhause in Kabine 4068: „Nicht viel mehr, als für ein gutes Altersheim, aber dafür sind hier die Aussicht und das Essen besser."

Wie lang sie dieses Leben auf den Weltenmeeren noch weiterführen möchte? „Bis ich mich anfange zu langweilen oder tot umfalle. Aber ich glaube nicht, dass eines von beiden bald eintreten wird." Und so wird sie wohl auch weiterhin jede Nacht im Ballsaal zum Tag erklären, beim Bridgespiel ihr Bestes geben oder auf dem Sonnendeck ihren Charakterstudien frönen…

Hinter uns hat sich derweil eine pakistanische Großfamilie zum klassischen „Rettungsring-Erinnerungsfoto" aufgebaut, während weiter vorne eine französische Reisegruppe mit Champagner auf das Leben anstößt. Und selbst das irische Ehepaar, das sich nach vier verregneten Jahrzehnten nun endlich den Traum vom Ruhestand im sonnigen Florida erfüllt, hat endlich jemanden gefunden, der ganz genau weiß, wie man nach der Ankunft in New York vom Autodeck in Richtung Süden weiterkommt. Nur Ike scheint sich an diesem Nachmittag zu langweilen. Er ist auf dieser Überfahrt der einzige Hund im Tierhort und wartet mangels mitreisender Artgenossen schon sehnsüchtig auf den Besuch seiner Besitzer. Aber dafür braucht er sich auch nicht den Laternenpfahl auf dem bordeigenen Tierdeck mit anderen Vierbeinern zu teilen.

Am Bug ist immer noch kein Land in Sicht, dafür aber ein erster weißer Vogel. Ob er ein bestimmtes Ziel hat oder sich wie die meisten von uns damit begnügt, einfach nur unterwegs zu sein?

DIE LETZTE NACHT AN BORD.

Jedes Jahr überqueren zehntausende Passagiere den Atlantik mit der „Queen". Nicht alle sind Kreuzfahrer, Flugängstliche und Nostalgiker. 16 Autoeinstellplätze, der Tierhort und enorme Lagerkapazitäten machen das Schiff bis heute auch für Auswanderer und Umzügler interessant.

Shuffleboard & Safety-Drill:
Während sich die Passagiere vergnügen (s.o.),
probt die Besatzung den Ernstfall (s.u.).

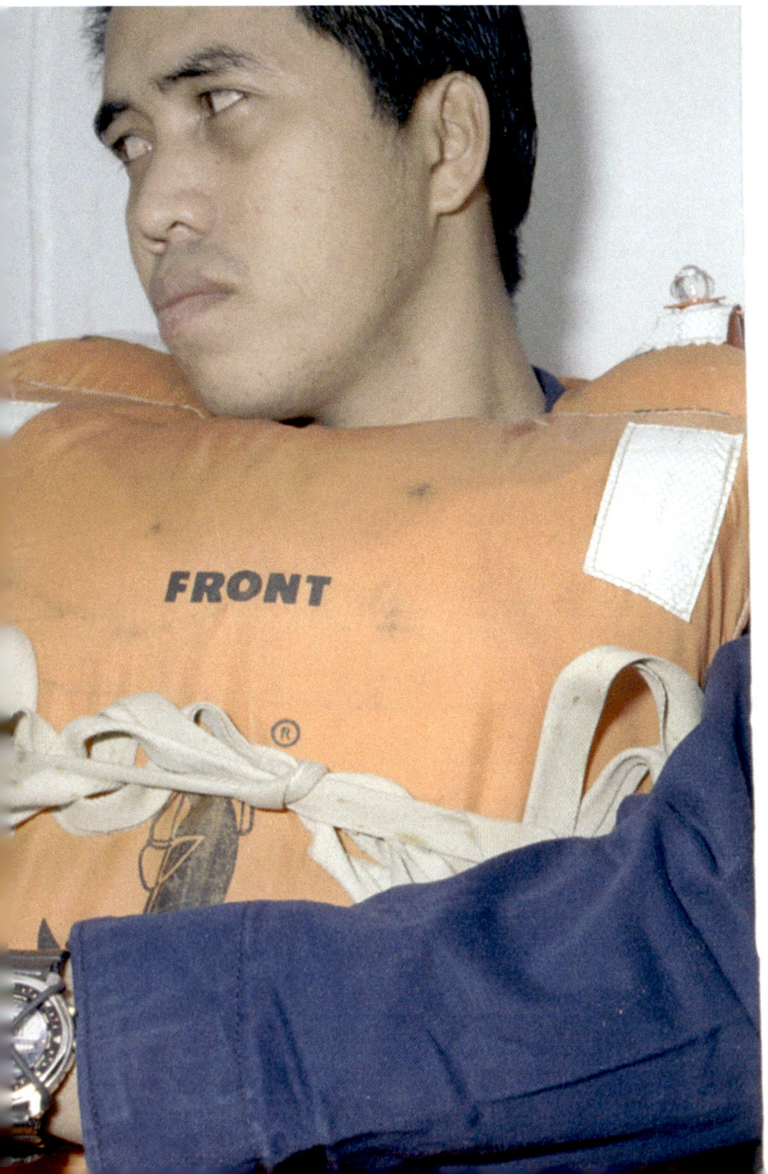
FRONT

Schwimmende Showbühne: Das QE2-Theater verfügt nicht nur über ein erstklassiges Bordensemble, sondern hat sogar schon Stars wie David Bowie zu Spontanauftritten animiert.

Ganz schön stattlich: die QE2 vor der Skyline von Manhattan.

7. Tag – Ankommen

Kaum jemand, der sich nicht den Wecker auf 4.30 Uhr gestellt hätte. An Deck herrscht jetzt schon Hochbetrieb, denn niemand möchte diesen einen Moment verpassen, von dem Prospekte und Ex-Passagiere behaupten, er sei so nur „once in a lifetime" zu erleben. Der Kapitän hat die Maschinen gedrosselt. Ganz ruhig gleitet das Schiff den Hudson River entlang, vorbei an Leuchttürmen und Lagerhäusern, Fabrikgebäuden und Fischkuttern. Die meisten von uns gucken so, als hätten sie derartiges noch nie zuvor gesehen, als seien sie nicht sechs Tage, sondern sechzig Jahre auf See gewesen. Beim Passieren der Freiheitsstatue, die mit den Füßen noch im Morgennebel steht, fangen ein paar Amerikaner an, ihre Nationalhymne zu singen, und man muss nicht sonderlich sentimental sein, um in diesem Moment feuchte Augen zu bekommen. Im rot-grauen Licht der aufgehenden Sonne nimmt die Skyline von Manhattan immer mehr Kontur an. In Höhe der 42. Straße biegen wir nach rechts ab, Richtung real world. Bald werden wir fest am Kai vertäut sein. Nur noch ein paar Minuten träumen, bevor wir in Amerika sind.

Land in Sicht: Am Morgen des siebten Tages tauchen am Horizont Manhattans Wolkenkratzer aus dem Meer.

EUROPEAN STARS

KLEINER MANN AUF GROSSER FAHRT
„TUTTO BAMBINI!“ LAUTET DAS MOTTO AUF EUROPAS FAMILIENSCHIFF NUMERO UNO.

Willkommen, bienvenue, welcome – an Bord der European Stars geht es vielsprachig zu.

*Lanzarote in Sicht:
Die European Stars erreicht die kargste der Kanaren-Inseln.*

Miranda ist schon da. Marlene ebenfalls. Michelle kommt morgen. Und Maria nächste Woche. Womit wir dann komplett wären – sieht man einmal ab von den 1.562 anderen Passagieren, die trotz des kühlen Märzwetters für „full house" an Bord der „European Stars" sorgen. Italien, Frankreich, Marokko und Spanien stehen auf dem Programm dieser Reise. Und da unser Schiff ein europäisches ist, und sich die Route den ganzen Winter über wiederholt, steigen die Gäste einfach zeitversetzt in ihren jeweiligen Heimatländern zu: Maria in Malaga, Michelle in Marseille und Miranda in Genua, dem Basishafen der Festival-Reederei. Hier, am Abfertigungsterminal „Ponte Andrea Doria", beginnt auch für Marlene, die allein reisende Münchnerin, sowie für alle anderen Gäste aus dem deutschsprachigen Raum, den Benelux-Staaten, England und Skandinavien der zehntägige Mittelmeer-Trip.

Doch noch heißt es am Check-In-Schalter Schlange stehen und inmitten des babylonischen Sprachengewirrs vertraute Klänge ausfindig machen.

Da haben es Harry und Luca schon leichter. Denn sowohl der holländische Blondschopf, als auch sein lockenköpfiger, ligurischer Kollege sind wahre Meister in der hohen Kunst des internationalen Babygebrabbels und konnten daher, über Kinderwagengrenzen hinweg, längst Freundschaft schließen. Zusammen mit rund 270 weiteren Youngsters werden sie ab morgen das Pinocchio-Kinderland bevölkern – Zirkusshows einüben, Piratenburgen bauen, Märchentanten lauschen oder sich an coolen Computergames versuchen. Das Angebot richtet sich nach den unterschiedlichen Altersgruppen und reicht vom Kapitänsbesuch über Kindertische im Restaurant bis hin zum abendlichen Babysitterservice in der Kabine.

Und auch sonst präsentiert sich das Unterhaltungsprogramm an Bord ungewöhnlich familienfreundlich: Ob Kraxeln an der Kletterwand, Minigolf auf dem „Montana"-Deck oder Karnevalskostüme basteln für die Faschingsfeier am letzten Seetag – angesagt ist, was Groß erfreut und Klein nicht langweilt...

Aber, zurück zu Miranda und Marlene. Denn die haben inzwischen ihren 251 Meter langen und knapp 59.000 Tonnen schweren Feriensitz erobert. Beim Ablegen hat man die beiden vom „Napoli"-Deck aus winken gesehen. Später sind sie durch die Bord-Shops auf der „Rue de Rivoli" gezogen. Sie haben im „Caffè Greco" einen Cappuccino getrunken und im „San Remo Casino" die ersten Euro auf den Kopf gehauen.

Nur kennen gelernt haben sich die beiden noch nicht. Denn EU hin und Völkerverständigung her: Es scheint, als bliebe man an Bord am liebsten eben doch unter sich und seiner eigenen Nationalität. Dass dem so ist, liegt übrigens nicht nur an den potenziellen Sprachbarrieren. Vielmehr spielen auch unterschiedliche Mentalitäten sowie landestypische Gewohnheiten eine Rolle. Und so kommt es, dass der 18.15-Uhr-Termin zum Abendessen wunsch- und erfahrungsgemäß den Deutschen, Österreichern und Schweizern vorbehalten ist, während sich zweieinhalb Stunden später eher die Italiener, Franzosen und Spanier zum Diner versammeln.

Gespeist wird auf der „European Stars" übrigens nicht nur in zwei Sitzungen, sondern auch in zwei unterschiedlichen Restaurants. „Napoleon"-Speisesaal oder „Da Giacomo"-Ristorante – wer wo Platz nimmt, entscheidet die gebuchte Kabinenkategorie – oder ein kleiner Extraposten für ein „Upgrading" auf der Endabrechnung...

Mangiare? Am liebsten im „Da Giacomo"-Ristorante...

Marseille, am nächsten Morgen. Von sieben bis zwölf soll der Aufenthalt in der südfranzösischen Hafenmetropole dauern. Vier Stunden, die ausreichen, um 151 neue Passagiere an Bord zu nehmen. 240 Minuten, die gerade einmal genügen, um über den „Canebière" – Marseilles Prachtboulevard – zu flanieren und zwischendurch einen schnellen Teller Bouillabaisse zu löffeln...

Aaaah, Afrika: Die European Stars nähert sich dem Hafen von Agadir.

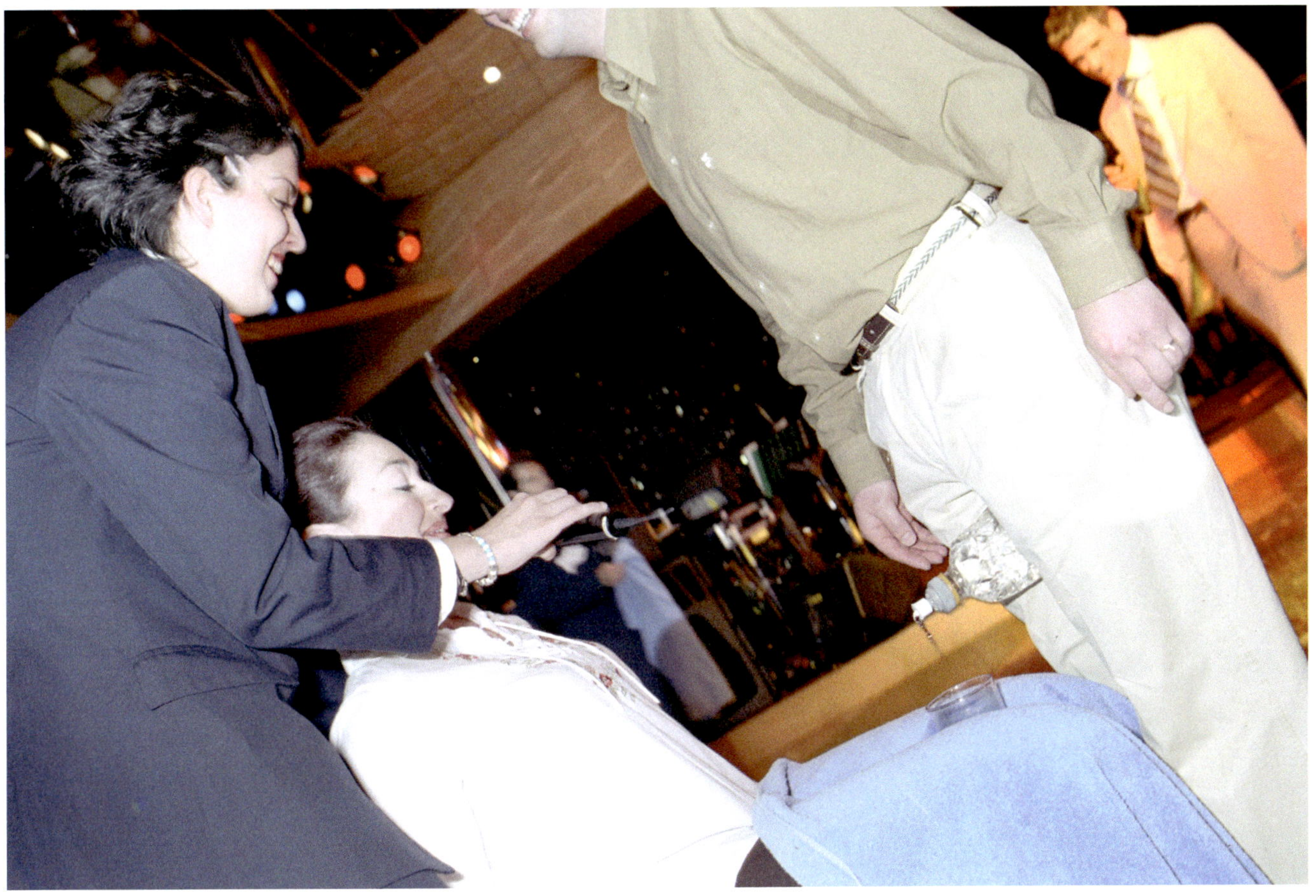

Und eins – und zwei – und Wiegeschritt: Abendunterhaltung auf der European Stars.
< Captain's calling: der Ehrentisch des Bootslenkers.

Pinguinparade und Partyspielchen:
So feiert das vereinte Europa.

Fast so vornehm wie das römische Vorbild.

„Prost, Salute, Cheers, Santé y Salud" – gingen uns die fünfsprachigen Bordansagen am Nachmittag noch auf die Nerven, so empfinden wir sie beim abendlichen Kapitäns-Empfang durchaus als chic und cosmopolitan. Aber schließlich wollen wir uns jetzt ja auch vergnügen, während es uns ein paar Stunden früher nur nach einer ungestörten Siesta verlangte – ganz ohne mehrsprachige und bis in den letzten Schiffswinkel zu vernehmende Hinweise auf Shop-Öffnungszeiten und Animationsaktivitäten.

Als Höhepunkt der heutigen Galanacht verspricht das Bordprogramm die Wahl der „Miss European Stars". Doch statt Bikini-Durchlauf und Paillettenparade heißen die Disziplinen an Bord „einen möglichst lautstarken Orgasmus vortäuschen" sowie „mit dem Bauch einen Ballon zum Platzen bringen." „Spiele ohne Grenzen" – genau das Richtige, für so ein Multikulti-Mittelmeerschiff...

Aber Miranda gefällt's. Marlene auch. Und selbst Michelle – heute erst in Marseille zugestiegen – genießt das „frivole" Vergnügen.

Da geht es am folgenden Seetag schon sehr viel gesitteter zu: Demonstrationen im „Servietten-Falten" sind angesagt oder Spanisch-Stunden. Stretching-Kurse oder Stippvisiten auf der Brücke. Doch die gibt's leider nur gegen Bares – Erinnerungsurkunde und Gruppenfoto mit Kapitän Giuseppe Russo im Preis allerdings inklusive.

Casablanca und Agadir heißen die Stationen der nächsten beiden Tage. Jahrhundertealte Orte mit klangvollen Namen und fremdartigen Bräuchen. Wer will, nutzt die ideale Lage der Hafenstädte zu einem Ausflug mit Übernachtung in Marrakesch. Doch den meisten genügt bereits ein Hauch von Exotik und ein halbtägiger Landgang: Ein Bummel durch die hafennahe Medina, das Gläschen Pfefferminztee auf der neuen Uferpromenade oder die Besichtigung der 25.000 Gläubige fassenden Moschee Hassans des Zweiten – mehr als „Marokko light" ist bei den „Europeans" kaum gefragt.

Und außerdem präsentiert sich das nördliche Afrika in der letzten Märzwoche bereits von seiner südlichsten Seite und verleitet uns wintergewohnte Nordlichter mit Temperaturen um die 30°C eher zu einem schnellen Sprung in den Schiffspool oder zu einem langen Sonnenbad am Strand.

Pünktlich zum Sonnenuntergang verlässt die „European Stars" am zweiten Abend ihren Liegeplatz in Agadir und nimmt Kurs auf den offenen Atlantik. Mit jeder Seemeile, die sich das Schiff jetzt vom Kontinent entfernt, werden die Wellenbewegungen spürbarer – verwandeln sie sich von zartem Zittern in sanftes Schaukeln und erinnern gegen Mitternacht an das wohlige Auf und Nieder einer Kinderwippe.

Kein Wunder, dass für viele Passagiere das heutige Abendprogramm ins Wasser fällt und das Showensemble seine opulent-inszenierte „Tausendundeine-Nacht-Show" nur vor halb vollem Haus über die Bühne bringt.

Jedem sein lauschiges Plätzchen: Bei so viel Freiluftliegefläche kein Problem.

Schau mir in die Augen, Kreuzfahrer:
Impressionen aus Casablanca.

Marktszenen in Marokko, aufgenommen in Casablancas Medina.

Doch schon am nächsten Morgen haben sich Mägen und Meer wieder beruhigt. Vor den Kabinenfenstern liegt Lanzarote, die kargste und gleichzeitig ungewöhnlichste Kanareninsel. Vulkanausbrüche haben das Eiland in eine bizarre Mondlandschaft verwandelt. Die Bewohner kultivierten die fruchtbare Lava-Asche, indem sie zunächst Dromedare vor ihre Pflüge spannten und dann zum Schutz vor den heißen Winden kleine, kreisrunde Mauern um ihre Jungpflanzen errichteten. Eine Tradition, von der sich übrigens auch der Architekt Cesar Manrique inspirieren ließ. Seine strahlendweißen Bauten prägen nicht nur das Bild der ansonsten pechschwarzen Insel, sondern gelten bis heute als Musterbeispiele für naturnahes Wohnen.

„Und warum gibt es auf Madeira keine Affen? Und keine Tiger?" Es scheint, als hätten wir unseren Vortrag über Madeiras subtropische Wälder ein bisschen zu schillernd ausgemalt. Auf jeden Fall ist Tischnachbar Felix („vier Jahre, aus Dortmund und schon im Kindergarten") nach dem Abendessen nicht mehr davon abzubringen, beim morgigen Inselbesuch mit von der Landpartie zu sein. Dass seine Eltern ihn stattdessen viel lieber in der Obhut professioneller Betreuerinnen sähen, stört ihn dabei nur wenig: „Eine Insel mit Dschungel, Gondelbahn und Leuten, die das ganze Jahr mit Schlitten den Berg runterfahren", ist jeder weiteren Spielestunde eindeutig vorzuziehen, und schließlich wartet übermorgen ja schon wieder ein langer Seetag im „Pinocchio Kinderparadies" auf Felix.

Nur noch schnell durch die Straße von Gibraltar, dann hat die „European Stars" wieder mediterrane Gewässer erreicht. Malaga steht für den heutigen Tag auf dem Programm. Oder Granada. Denn der Ausflug in die 129 Kilometer entfernte Stadt am Fuß der Sierra Nevada mit ihrer weltberühmten Alhambra scheint mehr Mitreisende zu interessieren als eine Tour durch Malagas malerische Hafenviertel oder das angrenzende Zentrum. Doch daran haben sich die Einwohner hier längst gewöhnt – man ist eben „nur" Zielflughafen für unzählige Sonnenhungrige oder Ausgangspunkt für „Expeditionen" ins andalusische Hinterland. Und wer den Charme der Stadt trotzdem für sich entdeckt, der soll es bitte für sich behalten. Denn Malaga will bleiben, was es ist: eine stolze Stadt umgeben von Bettenburgen und Touristenghettos.

Unten, am Kai, herrscht kurz vor dem Ablegen noch einmal Hektik. Ein Bus mit spanischen Neuankömmlingen hat sich verspätet. Doch für Maria und die Mehrzahl ihrer 52 Landsleute bedeutet dies kein Ärgernis. Man freut sich auf zehn unbeschwerte Urlaubstage. Und ob das schöne weiße Schiff nun 20 Minuten früher oder später in See sticht – „a quien importa" – wenn kümmert's schon.

Der letzte Tag an Bord. Nach dem gestrigen Gala-Abend ist noch einmal Entspannung angesagt. Jeder tut oder lässt, was er will – solange er dabei nicht das Mittagsbuffet verpasst oder die Teestunde verschläft.

Der Sonne entgegen: Das Routing der European Stars ist ideal für flugfaule Winterflüchtlinge.

„Gebt den Kindern das Kommando“: Die Piccolos vom Pinocchio-Land beim Brückenbesuch.

Was eigentlich aus Miranda, Marlene, Michelle und Maria, dem Neuzugang aus Madrid, geworden ist? Nun, so gegen 17 Uhr wurden sie zuletzt beim „Treffen zum Austausch verschiedener Euromünzen“ gesehen. Bei Spumante, Sekt, Champagner und Cava plauderten sie entspannt über ihren Alltag in Italien, Deutschland, Frankreich und Spanien. Und über das ganz besondere Erlebnis einer Kreuzfahrt auf einem durch und durch europäischen Schiff.

SILVER SHADOW

GOLDENE ZEITEN FÜR GENIESSER
LUXUSSUITEN UND „LA DOLCE VITA“: DIE S-KLASSE UNTER DEN KREUZFAHRTSCHIFFEN ÜBERZEUGT DURCH ALLERHÖCHSTEN KOMFORT, LEGEREN LIFESTYLE UND EIN UMFASSENDES ALL-INCLUSIVE-KONZEPT.

Vorfreude ist die schönste Freude – oder eine kleine, silberfarbene Schatulle. Drei Wochen vor der Abreise steckte sie im Briefkasten. Umhüllt von raschelndem Seidenpapier und gefüllt mit ledernen Gepäckanhängern, hochglänzenden Bordbroschüren, gewichtigen Dokumentenmappen, unseren e-mail-Adressen an Bord und einem kleinen persönlichen Gruß der Reederei. „Dieses Schiff muss etwas ganz Besonderes sein", befinden wir einstimmig und sollen uns schon bald in dieser Vermutung bestätigt fühlen: Gründonnerstag auf Mykonos. Es ist der erste Tag unserer Reise und die Luft vor dem winzigen Flughafengebäude riecht nach wildem Salbei und sonnenwarmer Erde. „Sorry, Silver Shadow – aber ein paar Stunden musst du jetzt noch auf uns Winterflüchtlinge warten. Viel zu lange haben wir schon nicht mehr in einen wolkenlosen Himmel geblinzelt und das Kribbeln der Sonne auf unserer Haut gespürt. Bereits jetzt in deinem klimatisierten Bauch zu verschwinden und auf's abendliche Ablegen zu warten, wäre einfach eine Schande…"

Und was gibt's heute?
Jeden Nachmittag lässt der Küchenchef einen kleinen Gruß auf die Suiten servieren.

Können Schiffe sexy sein? Wenn sie so aussehen schon!

Noch herrscht Ruhe vor dem Touristensturm auf Mykonos.

Überall auf der Insel wird gepinselt und geschrubbt, gehämmert und ins rechte Frühlingslicht gerückt. Mykonos macht sich fein für die bevorstehenden Feiertage und für die kommenden Ferienmonate.

Nur noch ein einziger Tag, dann wird der erste Charterflieger die Rückkehr der urlaubsreifen Paradiesvögel aus Europas hohem Norden verkünden. Doch bis dahin bleiben wir die einzigen Fremden im Ort – die „verrückten Kreuzfahrer“, die sich bei eisigen 16°C plus den Kaffee im Freien servieren lassen und sogar schon nach dem kürzesten Weg zum nächsten Strand gefragt haben sollen!

„Silver Shadow, gutes Schiff. Und immer nur lächelnde Passagiere. Und viiiiel Geld“ berichtet der Tavernenwirt, bei dem wir später auf ein Glas griechischen Weißen einkehren. Wie Recht er doch hat, erfährt der Fotograf dieser Geschichte nur eine Stunde später am eigenen Leib: „Wo ist bloß mein Koffer?“ lautet die Frage, die ihm, kaum an Bord, das Retsinagrinsen endgültig aus dem Gesicht treibt. „Zu unserem größten Bedauern noch irgendwo zwischen Hamburg, Paris, Athen und Mykonos unterwegs“ lautet die Antwort des engagierten Concierge, der jedoch nach Rücksprache mit der Airline bereits einen detaillierten Notfallplan ausgearbeitet hat: „Also, vor übermorgen lässt sich da leider nichts machen. Aber natürlich wird Ihnen der Schiffsschneider noch heute einen kostenlosen Leihsmoking sowie einige Teile aus der Bordboutique anpassen. Und, ach ja: bis alles geändert ist, schätzt unser Maître sich selbstverständlich glücklich, Sie auch in Jeans und T-Shirt im Restaurant begrüßen zu dürfen.“

Doch an diesem Abend steht unserem Fotografen der Sinn eher nach schamvollem Rückzug – und so lassen wir uns das erste Fünf-Gang-Gala-Menü dieser Reise eben ganz entspannt in seiner Suite servieren. Ohnehin hat so ein Abendessen in der Abgeschiedenheit der eigenen vier Bordwände durchaus seine Vorzüge: Denn erstens darf man dabei den Hummer mit den Fingern essen. Zweitens gleichzeitig Videos gucken. Und drittens zum Abschluss auch noch den Dessertteller auslecken!

Jeweils 65,12 qm messen unsere beiden Silver-Suiten auf Deck 7. Der schönste Platz auf so viel Raum? Vielleicht die eigene Teak-Terrasse? Oder das verglaste Schlafzimmer mit Blick vom Bett auf's Meer? Die Whirlpoolwanne im Marmorbad? Oder doch das kuschelige Sofa im Wohnsalon? Schenkt uns Seetage in dieser Suite, in der allein das Ankleidezimmer schon größer ist, als die Studentenbuden unserer Jugend! Gebt uns Stunden zum Staunen und zum Selbsttesten, zum Sachen entdecken und zum Sattsehen!

„Man umgebe mich mit Luxus. Auf das Notwendige kann ich verzichten.“ Oscar Wildes berühmtes Zitat kommt uns in den Sinn, als die Silver Shadow zwei Tage später vor Lefkada liegt.

Wir frühstücken auf dem überdachten Freideck vor dem Terrace Café, schlürfen Café au lait aus hauchdünnen Goldrandtassen, knabbern ofenwarme Croissants aus silbernen Brotkörbchen und versenken zum Dessert noch ein paar Erdbeeren in Champagner.

Himmelsleiter: Auch das Paradies kennt Treppen – wenn auch nur mit der Aussicht auf Meer und Wolken.

Schöner Wohnen: eine typische Silver-Suite an Bord.
Aussichtsreich essen:
Das Terrace-Café auf Deck 8. >

Gründonnerstag auf Mykonos: Zuerst ein Bummel durch schneeweiße Altstadtgassen hinauf zu den Windmühlen.
< Und dann ein Stündchen Siesta auf dem Suitenbalkon.

Ein sanfter Wind und eine beständige Strömung sorgen dafür, dass sich die Silver Shadow währenddessen um die eigene Ankerkette dreht und vor unserem Logenplatz winzige Fischerdörfer, blühende Orangenhaine und senkrecht in den Himmel wachsende Bergmassive vorbeiziehen. Absolutes Highlight und atemberaubender Hingucker unserer zeitlupenlangsamen „Karusselfahrt" ist jedoch Skorpios, das sagenhafte Eiland von Aristoteles Onassis. Jede Viertelstunde taucht die dicht bewaldete Privatinsel am Horizont auf, zeigt sich kurz in ihrer ganzen Schönheit und verschwindet keine zwei Minuten später wieder backbord aus unserem Gesichtsfeld. Da das Anlanden auf Skorpios noch immer streng verboten ist, hat die Reiseleitung für uns eine (kostenlose) Annäherung per Ausflugsdampfer organisiert. „Früher", sagt Dimitri, der Kapitän, „tobte hier das Leben und es verging kaum eine Sommernacht, in der man nichts zu feiern hatte. An manchen Tagen ließ Aristoteles seine Partygäste sogar mit der eigenen Helikopterflotte einfliegen. Dann hingen die knatternden Höllenmaschinen wie ein Moskitoschwarm über der Insel und die Blitzlichter der Paparazzi tauchten das Meer in gewittergleiches Licht."

Heute ist von soviel High-Life nichts mehr zu spüren. Seit dem Tod des Tanker-Tycoons liegt die Insel im Dornröschenschlaf. Athina Roussel Onassis, Enkelin und Alleinerbin des gesamten Vermögens, hat Skorpios noch nie betreten und scheint dessen Schicksal daher einer Hand voll Angestellter zu überlassen.

Kein Mensch ist zu sehen, als wir die Geisterinsel umrunden. Kaum vorzustellen, dass die Callas hinter den hohen Mauern des Haupthauses einst ihre Koloraturen probte, oder dass sich Jackie O. allmorgendlich vor der strahlendweißen Strandvilla nackt in die Fluten stürzte.

Doch Glamour hin und große Namen her: die Götter haben es eben nie wirklich gut gemeint mit dem Onassis-Clan: Sohn Alexander, ein begeisterter Hobbypilot, verstarb 25-jährig bei einem Flugzeugabsturz. Tochter Kristina war gerade einmal 37, als sie tot in Buenos Aires aufgefunden wurde. Und Ari selbst? Der starb im Alter von 69 Jahren an einem gebrochenen Herzen und der Erkenntnis, dass wahre Liebe und Freundschaft nicht käuflich sind.

Ihre letzte Ruhestätte fanden die drei ganz standesgemäß in der kleinen Familienkapelle hoch über Skorpios – dem wahrscheinlich schönsten Grab Griechenlands.

Der größte Luxus einer Kreuzfahrt?
Landschaft gucken aus der Liegestuhlperspektive.

Alter Grieche! Staunen vor der Onassis-Insel Skorpios.

Doch genug der traurigen Worte. Denn wir wollen feiern und haben dank wieder aufgetauchtem Fotografen-Koffer auch allen Grund dazu! Vorbei die Zeiten des selbst gewählten Suiten-Asyls! Ab sofort ist „Socializing" angesagt – und das beginnt auf der Silver Shadow zumeist mit Sundownern und small talk an der Pool-Bar. „Where are you from?" „How has your day been?" „And isn't that the greatest ship?" Rund die Hälfte aller Passagiere stammt aus den USA und dementsprechend leger geht es an Bord zu. Man nennt sich beim Vornamen, verzichtet auf Titel und hat einander auch sonst nichts zu beweisen. Denn schließlich kostet

Ziemlich prickelnd: Champagnerempfang auf der Brücke und im stilvollen Ambiente der eigenen Suite.

Ohne Worte: In der Champagner-Bar wurden die besten Zitate vor Blattgold gebannt.

Sommelier Wolfgang erklärt die hohe Kunst des Weingenusses.
< Lässiger Luxus: Einmal pro Reise wird der Sonntagsbrunch auf der Silver Shadow in Form einer Küchenparty zelebriert.

Die Aussichten: Sonnig und schmackhaft.

eine solche Reise selbst in der günstigsten Suitenkategorie mal locker den Gegenwert eines gut ausgestatteten Kleinwagens – warum da also noch zusätzlich angeben müssen?

Im Gegensatz zu vielen anderen Schiffen der Oberklasse ist das Publikum an Bord erstaunlich jung. „Forty-and-Fiftysomethings" bestimmen das Bild und sorgen dafür, dass sich auch nach 22 Uhr im Casino noch die Kugel dreht und der DJ in der Panorama-Lounge allabendlich alle Platten voll zu tun hat. „Exklusiv und entspannt zugleich" – lautet das Motto sämtlicher Silversea-Schiffe. Hier diniert man eben nicht nur auf höchstem kulinarischem Niveau, sondern auch ohne die ansonsten übliche Tischordnung. Und anstatt sich über so lästige Kleinigkeiten wie Trinkgelder den Kopf zu zerbrechen, genießt man einfach den allumfassenden All-inclusive-Service, der jedes Kalkulieren mit Bordwährungen oder verbleibenden Budgets völlig überflüssig macht. Denn vom Champagner in der Suite über den Wein im Restaurant bis hin zur täglich frisch gewaschenen Garderobe ist an Bord fast alles im Preis inbegriffen.

Ostern auf See. Nach einer stürmischen Nacht liegt Griechenland endgültig hinter uns und Malta noch einen langen Seetag voraus. Pünktlich zum Frühstück haben sich die Wellen wieder beruhigt und wir zur alten Form zurückgefunden. „Lieber einen kleinen Lachsbagel oder doch vielleicht ein Paar Bananen-Pancakes mit Ahornsirup?" Das Leben ist schön, wenn sich selbst die zweite Wahl als erstklassige Entscheidung herausstellt und dienstbare Geister den Happy-Easter-Brunch mit handgeschöpften Schokoladeneiern versüßen.

Später am Morgen stoßen wir beim Stöbern in der Bibliothek auf Alessandro Bariccos Legende von „Novecento" – dem Ozeanpianisten, der sein Schiff so sehr liebte, dass er es Zeit seines Lebens nicht verließ. Früher hätten wir eine solche Geschichte als müdes Märchen abgetan. Heute klingt sie jedoch wie eine wunderschöne, vom Takt der Dünung bestimmte Musik in unseren Ohren.

Watteweiche Nebelbäuche liegen über dem Meer, als wir am nächsten Morgen Malta erreichen. Pünktlich zum Einlaufen in den Hafen der Inselhauptstadt Valletta haben wir uns den Wecker gestellt und das Frühstück auf die Terrasse geordert. Und so als hätten die Malteser von unserem Kampf gegen die Uhr gewusst, belohnen sie unser frühes Aufstehen mit der schönsten Hafeneinfahrt dieser Reise: barocke Stadtpaläste, mächtige Festungsanlagen, im goldenen Licht der Sonne glänzende Kirchenkuppeln – man nehme das beste Stück vom Mittelalter, würze es mit zwei Prisen Weichzeichner sowie einem Hauch kühler Morgenluft und serviere es uns auf einem Silbertablett!

Vom Schiff bis in die City ist es nur ein kurzer Spaziergang über eine der steil ansteigenden Altstadtgassen. „Bis heute uneinnehmbar", japst der Fotograf und behauptet mit rasselndem Atem, dass so eine Ritterrüstung von damals beim Erklimmen hoher Stufen kaum schwerer ins Gewicht gefallen sei als seine Fototasche von heute.

Stilvoller Auftakt zu einem aufregenden Abend: Eine private Aperitif-Party in der eigenen Suite.

An Bord die Numero Uno: Captain Emanuel Chiesa auf der Brücke und in seinem Büro. Immer dabei: Bilder der Familie.

Malta, geschichtsträchtige Mittelmeermetropole. Die Hauptstadt Valletta gilt bei erfahrenen Kreuzfahrern als eine der schönsten Hafenstädte der Welt.

Alle Mann an Bord: Auf jeder Reise organisiert die Schiffsleitung einen ganz besonderen (kostenlosen) Überraschungsausflug. Ziel dieses Mal: Skorpios, die Onassis-Insel.

Auf Kykladen-Kreuz-Kurs.

Wie gut, dass es im Zentrum angekommen, sehr viel müheloser weitergeht. Denn nach der gescheiterten Türkenbelagerung von 1565 befahl Maltas Oberhaupt Jean de la Valette seinem Baumeister die Errichtung der „perfekten Stadt". Das Ergebnis: rasterartig angelegte Straßenzüge, die ständig von kühlenden Seewinden durchpustet werden, jedes Verirren unmöglich machen und dank aufregender Licht- und Schattenspiele sogar den Fotografen mit seinem Schicksal versöhnen...

Ob Schwefelschwaden auf dem Ätna oder dampfende Spaghetti vongole im Hafenbecken von Sorrento – die beiden folgenden Tage zwischen Sizilien und der Amalfi-Küste bedeuten Bella Italia im Überfluss. Keine Sekunde ohne Sinnestaumel. Keine Minute ohne Postkartenklischee. Per Tenderboot pendeln wir zwischen zwei Traumwelten – der an Bord und der an Land. Und selbst am Abend, als die Silver Shadow in sicherem Abstand den orangeroten Lavastrom passiert, der sich vom Stromboli ins Meer ergießt, zeigt sich dieses Stück vom Paradies noch immer von seiner allerhellsten Seite...

Magische Momente: So sah schon Odysseus Griechenland an sich vorbeiziehen.

Es ist die letzte Nacht der Reise. Noch einmal wie auf Wolken schweben, dann haben wir wieder festen Alltagsboden unter den Füßen.

Ein einziges Mal in seinem Leben dachte Novecento über ein paar Stunden Landgang nach. Er schaffte es bis auf die dritte Stufe der Gangway. Dann machte er kehrt, ging zurück ins Schiff und behauptete fortan der glücklichste Mensch der Welt zu sein. Irgendwie können wir ihn sehr gut verstehen...

Blaue Stunde auf der Silver Shadow: Einer der schönsten Schnappschüsse im imaginären Fotoalbum des Lebens...

AIDA

AIDA CARA

FRISCHER WIND AUF HOHER SEE
AUF DEUTSCHLANDS ERSTEM CLUBSCHIFF HAT MAN ALTE KREUZFAHRER-KONVENTIONEN LÄNGST ÜBER BORD GEWORFEN.

MONROVIA

Ganzer Stolz: Ninette, die Alpha-Animateurin an Bord präsentiert ihr schwimmendes Clubdorf.

Santo Domingo, der Hafen: Hinter mir liegen zehn Stunden Flug. Vor mir sieben Tage Karibik, vier Inseln, zwei lagunenblaue Lider, ein korallenroter Kussmund. Ihr Name lautet Aida Cara. Sie ist die Königin vom Kai und ihre Maße machen nicht nur Matrosen manisch. Für mich ist es das erste Mal...

Keine Meile Langeweile: Denn auf einen ruhigen Seetag folgt garantiert die nächste Trauminsel. So wie Antigua, die Schöne mit den 356 Stränden. >>

„Pass' bloß auf", haben sie zu Hause gesagt, „bestimmt wird dir dabei schlecht und außerdem bist du noch viel zu jung für so etwas. Und überhaupt, weißt du eigentlich, was der Spaß kostet?" Selten haben meine Urlaubspläne so hohe Wellen geschlagen, wie in diesem Fall. Um Bali haben sie mich damals beneidet, Australien aufregend gefunden und New York ganz nett – aber eine Karibik-Kreuzfahrt? „Also, noch uncooler geht es ja wohl nicht mehr."

Na, und dann hab ich es trotzdem getan, bin in die Dominikanische Republik geflogen und einfach „aufgestiegen", wie die Seeleute sagen. Hat zwar am Anfang ein bisschen vibriert und auch ganz leicht geschaukelt – aber, hey, weiche Knie sind beim ersten Mal ganz normal und gehören zum typischen Seefahrer-Feeling einfach dazu. Obwohl, ist an der Aida Cara überhaupt etwas „typisch seefahrerisch"? Schließlich ist dieses Schiff kein träge vor sich hin dümpelnder Pensionärspott, sondern ein ziemlich cooler Club-Cruiser, ein schwimmendes Feriendorf, das schon am ersten Abend zur Sail-Away-Party mit DJ und Laser-Show aufs Pooldeck lockt.

Und überhaupt hat die Aida Cara, die 193 Meter lange Schönheit mit dem aufgemalten Gesicht als Erkennungszeichen, sympathisch wenig mit den Ozeandampfern aus der Generation unserer Großeltern gemeinsam.

Feste Essenszeiten und strenge Kleiderordnungen sind an Bord jedenfalls ebenso unbekannt wie langweilige Tischnachbarn und sture Menüvorschläge. Gespeist wird ganz ungezwungen in zwei Buffetrestaurants bei freier Platzwahl, freien Getränken und wahlweise sogar unter freiem Himmel. Nur wer etwas ganz Besonderes zu feiern hat, frisch verliebt ist oder Weinkenner, reserviert seinen Tisch im vornehmen Maritim-Restaurant und genießt dort, im klassischen Ambiente, ein verträumtes Candlelight-Dinner.

Der erste Tag an Bord ist Seetag und dank intensiver Liegestuhlstudie weiß ich seitdem, dass das Meer in der Karibik nicht einfach nur „blau" ist, sondern mindestens 27 verschiedene Schattierungen annehmen kann, und dass auf zwei große Wellenberge ohne Schaum meist ein kleinerer, gischtgekrönter folgt.

Später am Abend, lange nachdem die Sonne ein paar Eimer Rot und Gold ins Meer gekippt hat, steigt im Arkona-Club eine Flirt-Party mit nummerierten Ansteckherzen und flinken Liebesboten, die kleine Zettel mit mehr oder weniger großen Worten an den Mann oder die Frau bringen. Wer sich so gefunden hat, verschwindet irgendwann meist in Richtung Bugspitze, um im lauen Nachtwind entweder eine Partie Titanic zu spielen, oder um im Jacuzzi der Besatzung abzutauchen. Verboten ist beides, und da die Mannschaft auf der darüber liegenden Brücke nur wenig Verständnis für so viel Romantik hat, bereitet sie dem tropischen Techtelmechtel mit flutlichthellen Scheinwerfern ein ebenso schnelles wie grelles Ende.

Der nächste Morgen: Regenwaldwanderung auf St. Lucia. Nach einem Tag ohne festen Boden unter den Füßen wanken die meisten aus der Grup-

Dinner im Dämmerlicht – und in Deutschland schneit's gerade...

Qual der Wahl: Lust auf Stadtbummel?
Lieber an den Strand?
Oder doch zurück in den Liegestuhl?

pe zunächst noch ziemlich unkoordiniert über den schmalen, glitschigen Pfad. Später, beim mittäglichen Picknick unter Palmen, diskutiere ich mit Andrea, meiner Waldweggefährtin aus Rosenheim, darüber, ob einem die vielen Bäume tatsächlich die Luft zum Atmen nehmen oder nicht. Nach dem dritten Glas Planter's Punch müssen wir das Gespräch wegen akutem Sauerstoffmangel (also doch) und massiven Kopfschmerzen jedoch auf spätere Landgänge vertagen.

Und dann hält der Bus auf dem Rückweg noch schnell bei einem „Real Rasta Man" (schließlich soll man während der paar Stunden Landausflug ja nicht nur das Land, sondern gleich auch noch die Leute kennen lernen). Wer will, darf in seinem Garten zu leise vor sich hin plätschernden Reggae-Klängen vom Band unter einem Wasserfall baden. Da die Brühe aber ziemlich brackig und bakteriell aussieht, wollen nur die wenigsten.

Und so kehren wir auf unser Schiff zurück, dessen sanft vor sich hin rauchender Schornstein wie ein riesiger Vulkankegel über die Inselhauptstadt Castries ragt.

Acht Uhr morgens: Vor dem Kabinenfenster wartet Antigua. 365 Strände – für jeden Tag des Jahres einen – soll es hier geben und die erreicht man am besten mit dem Segelkatamaran, der gegenüber vom großen Landungssteg bereits vor Anker liegt. Wer Schnorcheln im whirlpoolwarmen Wasser und Sonnenbaden im puderzuckerfeinen Sand zu langweilig findet, entdeckt das Eiland bei einer geführten Mountainbike-Tour auf den aidaeigenen High-Tech-Rädern oder bucht bei den Profis von der Tauchbasis an Bord einen Ausflug in die Unendlichkeit der karibischen Unterwasserwelt.

Hauptsache, man schafft es, abends wieder pünktlich zum Sonnenuntergang zurück zu sein, um beim Ablegen mit seinen neuen Bekannten die Abenteuer des Tages auszutauschen.

Auf dem Pooldeck ist für heute Nacht wieder Party angesagt. Bis es allerdings so weit ist, müssen wir jedoch noch den „poppigen Vollangriff" (steht so im Tagesprogramm) von marc!, dem Schlagersternchen mit dem kleingeschriebenen Namen und dem großen Ausrufezeichen, über uns ergehen lassen. Glaubt man Ernie, dem ständig eine Spur zu gut gelaunten Ober-Animateur, dann war der blonde „Spring-ins-Feld" „gestern noch zusammen mit DJ BoBo auf Tournee" – und das scheint offensichtlich schon auszureichen, um heute hier auftreten zu dürfen.

Das Karibik-Restaurant:
Hier speist es sich im Buffet-Stil – und das ebenso unkompliziert wie gut.

Ruhige Momente auf der Aida Cara: Der Pool am frühen Abend und ein einsamer Wachmatrose in der tiefen Nacht.
Nicht nach jedermanns Geschmack: Kollektiver Grillspaß am Seetag. >

Dabei hätte das Aida-Showensemble bestimmt sehr viel mehr zu bieten gehabt: An beinahe jedem Abend präsentieren die Sänger, Tänzer und Schauspieler aus dem Hamburger Schmidt's-Tivoli-Theater nämlich eigens für das Schiff konzipierte Musicals und Bordshows, die mit dem albernen Animationsallerlei der meisten Ferienclubs an Land so gar nichts zu tun haben.

Aber nach einer ersten Piña Colada wird man gnädig, gönnt marc! den kostenlosen Urlaub und genießt das Leben unter dem funkelnden Sternenhimmel und den flackernden Lichtern der Freiluftdisco.

Mit seinen knapp 90 Quadratkilometern gehört St. Maarten zu den eher kleineren Fleckchen Land im karibischen Meer. Dass sich auf der Promenade von Philipsburg trotzdem Tag für Tag die Kreuzfahrer knubbeln, liegt vielleicht an den vielen Duty-Free-Shops, die sich hier wie Perlen an eine Kette reihen. Oder aber am seltsamen Sonderstatus der Insel, die halb holländisch und halb französisch, gleichermaßen mit altem Kaas und frischen Croissants aufwarten kann.

Am Abend verabschiedet sich im Westen das Sternbild des Sommerdreiecks, sagt Dirk Soltau, Astronom an Bord und Gastgeber beim gemeinsamen „Stargazing" auf dem Pooldeck. Und während er so erzählt, versinkt am Horizont eine Sternschnuppe (aus dem Schwarm der Geminiden, sagt Dirk Soltau) im Meer. Und das ist so schön, dass einem der Fahrtwind die Tränen in die Augen treibt – auch wenn man's eigentlich gar nicht will.

Tortola, die „Turteltaube", ist die letzte Insel unserer Reise. Von Roadtown, der Haupt- und Hafenstadt aus, segeln wir am nächsten Morgen auf die kleine Schwesterinsel Virgin Gorda. Hauptattraktion, der „dicken Jungfrau" sind „The Baths" – Felsgänge, Bassins und Höhlen, über und unter dem türkisblauen Meer, die man nur schwimmend, tauchend oder zu Fuß erforschen kann.

Nach dem abendlichen Ablegen durchquert die Aida Cara den Sir Francis Drake Kanal und gleitet, irgendwann nach Mitternacht, an der hell erleuchteten Küste von Puerto Rico entlang.

Ganz weit oben, auf Deck 11, im verglasten Club, ist Disco angesagt, und wer gerade nicht tanzt, guckt Lichter oder knutscht.

„Verzichtet bitte auf die Reservierung von Liegen auf dem Sonnendeck!!!" – steht dick und fett gedruckt unter dem Tagesprogramm, das auch an diesem Morgen vor der Kabinentür hängt. Der letzte Tag ist wieder Seetag, und da sind vor allem die strategisch gut positionierten Liegen schnell belegt. Cluburlaub schützt eben vor Deutschsein nicht...

Und meine Pläne, mit Salzmassage, Spinning-Kurs und Step-Aerobic dem See-Speck den Kampf anzusagen, werden am frühen Nachmittag vom leckersten Kaiserschmarrn der Karibik zunichte gemacht.

Nachts, nach dem Captain's Drink in der Bar, dem Hummerbaum am Buffet und der Farewell-Show im Theater, habe ich noch einen Termin mit Rufina. Die „Tochter der Magie" (auch das steht so im Tagesprogramm) hat auf Deck 10 ein richtiges kleines Kirmeszelt aufgeschlagen, in dem sie, für alle die daran glauben und vor allem für die, die „es schon immer mal ausprobieren wollten und jetzt, wo es nix kostet...", die Zukunft wahrsagt. Wüsste gerne, ob ich meine Königin vom Kai jemals wiedersehen werde – immerhin war es mein erstes Mal und so was verbucht man nicht einfach unter „Urlaubsflirt" – aber solche Fragen sind viel zu konkret für Rufinas Karten.

Auf dem Weg zurück in die Kabine stolpere ich bereits über die ersten der vielen gepackten Koffer, die draußen vor den Türen stehen, nachts eingesammelt werden und morgens mit ihren Besitzern Richtung Flughafen verschwinden.

Vor mir liegen zehn Stunden Flug. Hinter mir sieben Tage Karibik, vier Inseln, zwei lagunenblaue Lider, ein korallenroter Kussmund. Ihr Name lautet Aida Cara und im Sommer soll sie im Mittelmeer sein...

Titanic spielen verboten!
Die Bugspitze mit dem Whirlpool für die Besatzung.

AIDA AURA

UND IMMER EINE HANDBREIT
WASSER UNTERM KIEL...
DER TRAUM JEDES KREUZFAHRERS?
DIE TEILNAHME AN EINER
TAUFFAHRT – ERST RECHT, WENN
PATIN UND POTT JEDE MENGE
POMP UND PARTYSTIMMUNG VERSPRECHEN...

Hut kommt immer gut. Und etwas Knie schadet nie. Denn dezentes Geizen mit den eigenen Reizen wäre fatal! Schließlich gilt es an diesem Abend gleich zwei Schönheiten zu bewundern. Der Anlass für so viel Festlichkeit ist schnell erzählt und scheint doch eine Erfolgsgeschichte ohne Ende: Also, wir schreiben das Jahr 1996: Kohl ist Kanzler und Kreuzfahren ein Privileg für „alte Knacker“. Keine gute Zeit also für neue Konzepte und hohe Wellen schlagende Neuerungen. Doch die deutsche Seetours-Reederei wagt den Sprung ins kalte Wasser und baut ein Schiff wie einen schwimmenden Ferienclub, trennt sich von alten Seefahrer-Gepflogenheiten und setzt stattdessen auf ein jüngeres, aktives Publikum. Das erste Jahr gestaltet sich verheerend und bestätigt alle, die es „schon immer besser gewusst haben“. Aber irgendwann reißt irgendwer das Ruder rum, und die bis dahin eher lustlos vor sich hin dümpelnde „Aida“ wird plötzlich zum angesagten und attraktiven Urlaubsziel mit eigenen Fanclubs und einem Bekanntheitsgrad, den kein anderes deutsches Schiff zuvor erreichte.

Ruhe vor dem ersten (An)sturm:
Die Küchenbrigade genießt die kleine Pause und die großartige Aussicht auf Warnemünde.

Ein Kussmund und zwei knallblaue Augen: Von außen sehen sich die Aida-Schwestern zum Verwechseln ähnlich.

Shoppen: Größer, schöner und dank neuer Schaufensterfronten sogar mit Schwung – die Bordboutique.

Schlemmen: Viel Aufwand in der Küche, wenig Schnickschnack auf dem Tisch – die Aida-Buffetrestaurants.

AIDA

Sechs Jahre vergehen, bis die Seetours-Familie dann den ersten Nachwuchs bekommt– die „Aida Vita“. Und nun, noch einmal zwölf Monate später, folgt mit der „Aida Aura“ das dritte Schwesternschiff im Bunde.

Patin des „maritimen Frühchens“, das schon ein paar Wochen vor dem vereinbarten Übergabetermin die Wismarer MTW-Werft verlassen konnte, ist Topmodel Heidi Klum. Die „schönste Frau der Welt“, gebürtig in Bergisch-Gladbach, zu Hause in New York und auf den Laufstegen der Welt, hat zwar nach eigenen Angaben noch nie in ihrem Leben eine Seereise gemacht – aber dafür gilt sie als perfekte Repräsentantin der angepeilten Zielgruppe: jung, schön, erfolgreich und ebenso weltoffen wie Wellness-orientiert.

Da der feierliche Taufakt jedoch erst am späten Abend über die große Showbühne gehen soll, bleibt genügend Zeit für einen ersten Bummel an Bord und ein buntes Rahmenprogramm an Land.

Der erste Eindruck vom Schiff: Alles ein bisschen luxuriöser – aber auch leiser als bei den beiden anderen Aidas. Vor der Hemingway-Lounge locken erstmals koloniale Schaukelstühle, der Spa- und Fitnessbereich wurde noch einmal vergrößert – und überhaupt hat man den Eindruck, als sei auch diesseits der eigenen Kabinentür genügend Raum für ein Stündchen Rückzug.

Doch über so etwas denkt heute ohnehin niemand nach. Schließlich gilt es, das Schiff zu erobern, jeden Winkel zu erkunden und das exklusive Erlebnis zu genießen, überall an Bord der allererste Gast zu sein.

Draußen am Kai haben die Veranstalter schon vor Tagen eine kleine weiße Zeltstadt aufbauen lassen und wer zur Fraktion der bunte Armbändchen tragenden VIPs gehört, flaniert darin umher. Nascht hier ein wenig Sushi und dort ein kleines Canapée. Häppchen für die „happy few“ – sowohl auf dem Teller, als auch im Gespräch: „Ach was, sie auch hier?“, „How nice to meet you.“ „Haben Sie schon Heidi gesehen?“ und, „Ach ja. Ihr neuer Hut kommt heut' besonders gut…“.

Da geht es nur ein paar hundert Meter weiter schon sehr viel bodenständiger zu. Bierbuden und Bratwurstduft, laute Musik und jede Menge Gedränge am Zaun – wenn Warnemünde Schiffstaufe feiert, ist die halbe Stadt unterwegs und Volksfeststimmung garantiert.

Waterloo in Warnemünde: Ob Abba-Show an Bord oder fliegende Fische an Land – das Aida-Entertainment gilt als einzigartig.

Immer live & ziemlich locker: Das Showkonzept der Flotte.

Sänger, Tänzer, Lasershow und Megafeuerwerk – reichte es früher völlig aus, eine Champagnerflasche am Schiff zerschellen zu lassen, bedarf es inzwischen schon einer broadwayreifen Bühnenshow. Wie gut, dass sich wenigstens in Sachen richtiger Wortwahl nichts verändert zu haben scheint: der obligatorische Wunsch nach der „Handbreit Wasser unterm Kiel“ ist auch heute noch aktuell und wird von Taufpatin Heidi Klum mit einem strahlenden Lächeln und einer keck ins Gesicht gezogenen Kapitänsmütze vorgetragen.

Dreamteam: Taufpatin Heidi Klum und Aida-Kapitän Randolf Hess posieren für die Kameras der geladenen Presse.

Lauter Knaller: Das Feuerwerk als krönender Abschluss und der magische Hebel, der den Taufchampagner an der Bordwand zerbersten lässt (s.o.).

Letzter Programmpunkt der abendlichen Zeremonie: Feiern bis zum Morgengrauen.

Und dann heißt es endlich „Leinen los". Im Zeitlupentempo setzt sich die „Aida Aura" mit ihrer Festgesellschaft an Bord in Bewegung. Das einzige Ziel der heutigen Nacht: Spass haben. Möglichst viel und am besten bis zum Morgengrauen.

Dann soll das Schiff nämlich wieder fest vertäut am Warnemünder Kai liegen und nur ein paar Stunden später mit mehr als tausend neuen Passagieren auf Jungfernfahrt gehen.

(Feuer)taufe bestanden: Die Aida Aura am Morgen danach – immer noch ein strahlend schönes Schiff.

EUROP

EUROPA

URLAUB AUF DER LUXUSWELLE

NICHTS FÜR SPARSAME: MIT DEM „BESTEN KREUZFAHRTSCHIFF DER WELT“ RUND UM SCHOTTLAND.

„Du und der Dudelsack" – Schottlands klassischstes Fotomotiv.

Ahoi meine Verehrteste. Nett, Sie endlich kennen zu lernen. Ihr Ruf eilt Ihnen schließlich schon seit Jahren über alle Weltenmeere voraus. Die schönste sollen Sie sein und die eleganteste; die mit der meisten Klasse und den meisten Allüren.

Und jetzt liegen Sie also vor mir. Ein stahlgewordener Seefahrertraum. Wenn Sie auch ein bisschen kleiner ausfallen, als ich es mir in meiner Fantasie ausgemalt habe. Aber dafür erscheinen Sie auch kühner, moderner. Sind mehr Megayacht als Musikdampfer. Mit Ihnen würde ich gerne mal in Monaco aufkreuzen oder in Acapulco vor Anker gehen.

Schottland, sagen Sie stattdessen? Well, nun gut, dann lassen Sie uns also gemeinsam den hohen Norden erobern. Schäfchen zählen, Schlösser bewundern und an Seetagen nach Walen Ausschau halten.

Auf Kurs Richtung Great Britain: Liegestuhlimpressionen zwischen Stavanger und Edinburgh.

Die hohe Kunst des Haute Cruising.

Ein sanftes Zittern durchfährt ihren Körper und aus ihrem Schornstein steigen schneeweiße Wölkchen in den Ostseehimmel. Es scheint an der Zeit, vom Festland Abschied zu nehmen, dem livrierten Pagen das Handgepäck zu überreichen und durch ein Spalier strahlender Stewards an Bord zu schreiten.

Entschuldigen Sie bitte, wenn ich zum Ablegen nicht an Deck komme, aber ich werde es mir wohl auf dem Balkon meiner Suite bequem machen. Von den bereitgestellten Erdbeeren naschen, ein Gläschen Champagner schlürfen und dabei all' den kleinen Segelbooten zuschauen, die sich bei der Ausfahrt aus der Kieler Förde in Ihrem Windschatten sonnen.

Als „bestes Kreuzfahrtschiff der Welt", ausgezeichnet mit „fünf Sternen" und einem neckischen, in der Fachwelt nicht unumstrittenen „plus" als Krönung, darf man in Sachen „Schöner Wohnen auf hoher See" schon einiges von Ihnen erwarten. Und, wie es sich für eine perfekte Gastgeberin gehört, enttäuschen Sie uns Passagiere nicht. Ihre 204 Suiten verfügen ausnahmslos über mindestens 27 Quadratmeter Grundfläche, marmorgeflieste Bäder und kleine Ankleidezimmer. Innenkabinen sind Ihnen ein Graus und dass 36 ihrer exklusiven Schlafgemächer ohne eigenen Balkon auskommen müssen, erklären Sie beinahe beschämt mit bautechnischen Vorgaben.

Wissen Sie jedoch, was mich am meisten beeindruckte? Ihre TV-Anlagen. Nicht nur allererste Wahl, sondern außerdem auch noch wahre multimediale Meisterwerke mit Computerfunktion, eigenem E-mail-Account (meine virtuelle Bordanschrift bekam ich übrigens schon Wochen vor der Abreise von Ihrer Hamburger Zentrale schriftlich mitgeteilt) sowie mehr als hundert auf Knopfdruck abspielbereiten Filmklassikern und Musik-DVDs.

So viel Luxus macht Sinn, meine Gnädigste, und zeigt, dass Sie Ihren schwimmenden Schwestern eben tatsächlich eine Schiffslänge voraus sind.

Auf unserem Trip Richtung Schottland haben Sie sich für einen kurzen Umweg über Norwegen entschieden. Kein schlechter Gedanke und eine gute Gelegenheit, einen ganzen Seetag lang die Welt vor der eigenen Suitentür kennen zu lernen.

Und so schlendere ich also durch Ihre Gänge und Korridore, bewundere die Preziosen in der Auslage des Bordjuweliers und das Zigarrensortiment im Humidor der Smoker's Lounge, lächle voll Süffisanz über den Programmpunkt „Seemannsknoten ganz anderer Art – Tücher und Schals phantasievoll gebunden" in Ihrer Tagesagenda und kann mich nicht satt sehen an den kunstvollen Tapisserien in Ihrem Oriental-Salon.

Wie ich Ihren Stil beschreiben würde, wollen Sie wissen? – Für ein Kreuzfahrtschiff erfrischend modern. „Weniger ist mehr", lautet ihre Devise. Wo andere auf Plüsch setzen, wählen Sie polierten Granit und statt Ihre inneren Werte in den eigenen Schatten zu stellen, legen Sie viel Wert auf große Fensterfronten und Tageslicht.

Sonnen wie die Sardinen? Auf der Europa unvorstellbar, denn an Bord bleiben die meisten ohnehin auf dem eigenen Balkon.

Obwohl, wenn ich ganz ehrlich sein darf, Ihr Atrium, dem Sie „vollendete architektonische Eleganz" bescheinigen, versprüht den Charme eines kleinstädtischen Einkaufszentrums. Und wenn wir schon einmal dabei sind: auch Ihr „exklusives Fitnesscenter" auf dem so genannten „Sport-Deck" sowie die Drei-Mann-Sauna beweisen eher Hobbykeller-Niveau als Weltklassestandard.

Wissen Sie, meine Liebe, mit Ihnen fängt man eine Affäre an, aber keine Beziehung. Auf den ersten Blick erscheinen Sie so strahlend schön und so begehrenswert wie keine andere. Doch, wenn man sich dann wirklich intensiver mit Ihnen beschäftigt, fängt Ihre Fassade zu bröckeln an. Dann bemerkt man den Kantinen-Chic in Ihrem „Lido-Cafe" und die stillosen Aluliegen auf Ihren Freidecks. Und man fragt sich, ob „Kariona und Stephan", das Tanzpaar aus der Provinz, schon gute Abendunterhaltung ausmachen und ob für „Lia Linda" oder „Stella" und ihre „Sunshine-Band" die Bühnensonne nicht längst schon hätte untergehen sollen...

Warum Sie trotzdem als das „beste Kreuzfahrtschiff der Welt" gelten? Noch bleiben mir sechs Tage es herauszufinden.

Am nächsten Tag erreichen wir Stavanger. Riesige Erdölfunde haben das einst so verschlafene Fischernest in Norwegens reichste Stadt verwandelt. Es ist noch früh am Morgen, doch im „Dallas des Nordens" herrscht bereits hektische Betriebsamkeit. Aus allen Himmelsrichtungen strömen die Menschen in die 100.000-Einwohner-Metropole am Meer. Viele von ihnen haben in den gläsernen Bürokomplexen der großen Petrolfirmen Arbeit gefunden, andere verdienen sich ihr Geld auf Stavangers Werften oder in den vielen kleinen Boutiquen der denkmalgeschützten Altstadt.

Gleich gegenüber von unserer Anlegestelle im Zentrum wird in wenigen Minuten der erste Ausflugsdampfer Richtung Lysefjord in See stechen. Auf seinem Weg zum weltberühmten „Preikestolen", einem völlig ebenen Felsvorsprung, der 600 Meter tief ins Wasser abfällt, gleitet er vorbei an kleinen Felseninselchen mit rotlackierten Ferienhäuschen, meckernden Ziegen auf saftig-grünen Berghängen und an Wasserfällen, die ihr schneeweißes Bergwasser in den dunkelblauen Fjord ergießen. Schade nur, dass Ihnen dieser majestätische Anblick nicht vergönnt ist und Sie den ganzen Tag im Hafenbecken verbringen müssen.

Klein und köstlich: Im Venezia-Ristorante wird allerfeinste italienische Cucina serviert.

Wellen, Wind und ein warmes Plaid für den Balkon.

Im Licht der untergehenden Sonne nehmen wir schließlich Abschied vom skandinavischen Sommer. Morgen schon wollen Sie in Schottland sein, und bis dahin gilt es noch die gesamte Nordsee in westlicher Richtung zu durchpflügen. Später am Abend, nach einem opulenten Mahl in Ihrem Europa-Restaurant, würde ich gerne noch in einer Ihrer Bars auf das Leben anstoßen. Doch obwohl es gerade erst 22 Uhr ist, gleichen Sie um diese Uhrzeit bereits einem Geisterschiff, das sich einsam und hell erleuchtet durch die Weltenmeere kämpft. Barflies und Salonlöwen bieten Sie kaum das passende gesellschaftliche Parkett. Ruhesuchende und

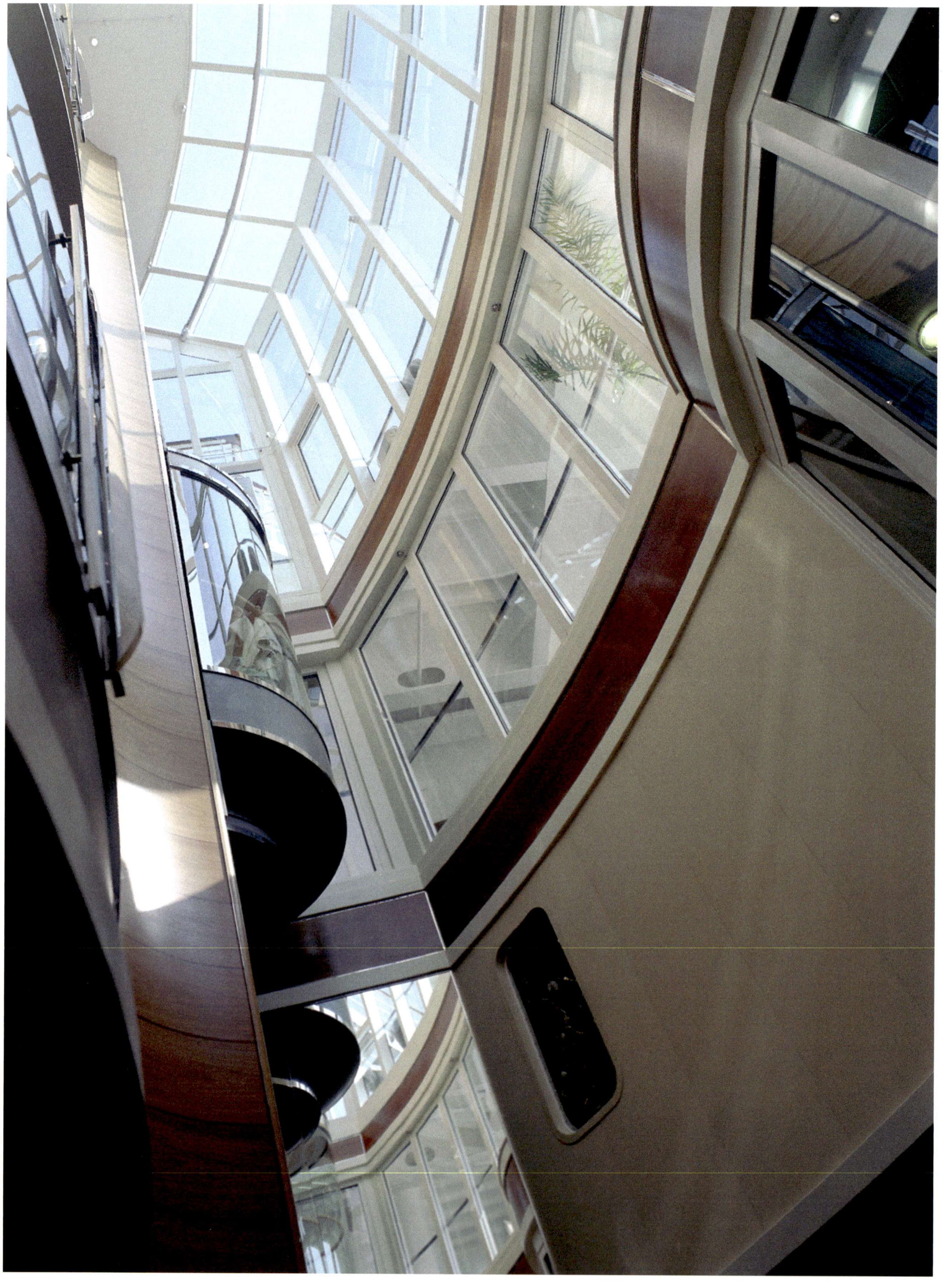

Fahrstuhl zum Himmel: Nein, dies ist kein Hinweis auf das Durchschnittsalter der Passagiere, sondern eine Hommage an den High-Tech-Lift.

Cool und cosy zugleich: Viel Licht, helle Farben und klare Formen kennzeichnen den Stil an Bord.

Ritual beim Auslaufen: Der Einmarsch der Bordkapelle (s.o.).
Klangvolle Begrüßung in Schottland (s.u.).

Logenplätze für Genießer: Die Terrasse vor dem Lido-Cafe und der Balkon vor dem Club Belvedere.

Stavanger – das „Dallas des Nordens".

Frischverliebte werden Ihre Planken hingegen lieben und sich wie im Paradies vorkommen.

Für den ersten Abend in Edinburgh haben Sie uns etwas ganz Besonderes versprochen: einen Besuch beim „Military Tattoo", dem unblutigen Truppenaufmarsch, der alljährlich im Rahmen des weltberühmten Sommerfestivals stattfindet und Musikregimenter aus allen Ecken des Commonwealth und dem ganzen Rest der Welt anzieht. Schade nur, dass für einige Passagiere der erste und gleichzeitig letzte Paukenschlag des Abends noch vor Verlassen der Pier ertönt: plötzlich fehlt es Ihrer Bordreiseleitung nämlich an einer ausreichenden Anzahl von Eintrittskarten – und an der Einsicht, an dieser Situation irgend etwas ändern zu wollen. Doch am nächsten Morgen ist das Gezänk um den vorgezogenen Zapfenstreich bereits Vergangenheit und ein Platz im halbstündig verkehrenden Pendelbus das Ziel. Denn Edinburgh zeigt dem Meer bekanntlich die kalte Schulter und ist für Seereisende nur über das nahe Leith zu erreichen. Hauptattraktion des kleinen Hafenstädtchens ist die 1998 für immer hier vor Anker gegangene königliche Yacht Britannia. 968 offizielle Fahrten hat sie im Laufe ihrer 40 Dienstjahre absolviert, hat in dieser Zeit die Clintons beherbergt und Boris Jelzin, war schwimmender Sommersitz der Queen und Hideaway für vier Paare hochwohlgeborene Honeymooner. Sehr zum Verdruss der Windsors kann der 125 Meter lange Dinosaurier heute auch vom gemeinen Volk besichtigt werden – ein wahrhaft königliches Vergnügen. Und für Sie übrigens absolut keine Konkurrenz. Denn verglichen mit den muffigen Schlaf- und Wohngemächern der Royals dürfen wir Europa-Reisende uns wie die Kaiser fühlen.

Auf Ihrem Weg Richtung Norden haben Sie Schottland am nächsten Morgen bereits hinter sich gelassen und nehmen Kurs auf die Orkney-Inseln. Wie Wellenbrecher liegen die 67 Eilande vor der englischen Nordküste – wild, romantisch, unwirklich. Keine 20.000 Einwohner zählen diese grünen, von Weideland und Buschwerk bestimmten Außenposten im Atlantik, dafür aber mehr als tausend historische Stätten – vom Steinzeitdorf in Skara Brae über den mächtigen Monolithenring von Brodgar bis zum Wrackfriedhof der versenkten deutschen Kriegsflotte in der Bucht von Scapa Flow.

Nieselregen, Nebelschwaden und ein Meer, das wie Teewasser brodelt: Auf Schottlands Wetter ist Verlass und ein alter Agatha-Christie-Krimi genau der richtige Zeitvertreib nach dem Ablegen am späten Nachmittag. 168 Seemeilen sind es hinüber nach Gairloch – für jede eine Buchseite.

Pünktlich um 7.30 Uhr liegen am nächsten Morgen die nordwestlichen Highlands mit ihren majestätischen Gebirgsketten und zerklüfteten Meeresarmen vor den Balkontüren. Da Gairlochs kleiner Hafen eher auf Fischkutter als auf Luxusliner eingestellt ist, haben Sie in einer einsamen Bucht die Ankerketten geworfen und lassen uns Passagiere mit Tenderbooten übersetzen. „Auf Reede liegen" nennen das erfahrene Kreuzfahrer und für die da-

Yachtszenen auf der MS Europa: Vieles an Bord erinnert an die intime Atmosphäre einer Privatyacht.

Zwei Hochs im Norden: Die karge Fjordlandschaft entlang der norwegischen Küste (s.o.) und Schottlands sanfte Hügel.

Ausnahmemonat August: Während der Festspielzeit gilt Edinburgh als das kulturelle Zentrum des gesamten Königreichs.

mit verbundenen Unannehmlichkeiten entschädigt der aufregende Panoramablick, an dem wir uns beim Frühstück im Lido-Cafe nicht satt sehen können. Höhepunkt im heutigen Ausflugsprogramm ist ein Besuch am Loch Ness, dem sagenumwobenen See mit dem berühmtesten Ungeheuer der Welt. Glaubt man den Experten, dann lebt hier, in trüber Tiefe, nicht nur ein einziges großes Wassertier, sondern gleich ein ganzer Nessie-Clan, der sich bevorzugt von Aalen und anderen Fischen ernährt. Ob's stimmt? Legenden gibt's in Schottland wie Lachse in den Gebirgsbächen – und beide sollten, aus Respekt vor der Geschichte und aus Angst vor kratzigen Gräten, bekanntlich mit Vorsicht genossen werden...

Zum großen Gala-Dinner haben Sie sich einen ganz besonderen Gast an Bord geladen: Nick Parkes, Chefkoch vom weltberühmten Gleneagels-Hotel und heute Herr über die Europa-Küchenbrigade. Doch was Schotten schmeckt, erquickt nicht unbedingt die Gaumen verwöhnter Europianer und so ist seine Hühnersuppe mit Dörrpflaume ebenso wenig nach dem Geschmack Ihrer Gäste wie Angusrind an Ale-Sauce oder schottischer Sommerpudding mit Sourcream-Schlag.

Für wahres Amüsement und unfreiwillige Komik sorgt an diesem Abend jedenfalls nur Ihr Kreuzfahrtdirektor, der sich zur Feier der anschließenden Ballnacht in schottisches Karo geworfen hat und so würdig wie einst Queen Mum durch sämtliche Säle schreitet.

Oban, wörtlich übersetzt „die kleine Bucht", ist das letzte Ziel unserer gemeinsamen Reise. Noch einmal liegen Sie auf Reede, noch einmal haben wir Gelegenheit Schottlands Highlights kennen zu lernen. Per Bus geht es über kurvige Bergstraßen und durch immergrüne, von warmen Meeresströmungen begünstigte Landschaften nach Inverary, einem hübschen 400-Seelen-Dorf mit einem der ältesten Schlösser des Landes: „Inverary-Castle", hoch über Loch Fyne gelegen, einstiger Stammsitz des berühmten Campbell-Clans, heute Wohnstätte derer von Argyll und eine der legendärsten Behausungen Schottlands. Glaubt man der uralten Sage und den Sprüchen der Dorfbewohner, dann sollen hier bis heute mächtige schwarze Raben auf den Turmspitzen den Tod des Familienoberhaupts ankündigen. Wie gut nur, dass schon seit Wochen schottischer Dauerregen vom Himmel fällt und sich der Schlossherr wohl noch bis zum Ende des Sommers sicher fühlen darf...

Ausgezeichnet: Ihren guten Ruf verdankt die Europa nicht zuletzt den vielen kleinen architektonischen Details an Bord.

Europaball: Viel Platz für kesse Sohlen.

Und dann heißt es schließlich Abschied nehmen von „Großbritanniens Glanz und Gloria" – so das im Katalog ausgeschriebene Thema dieser Reise. Mit dem letzten Tenderboot verlassen wir das Festland, nehmen Kurs auf unser schwimmendes Grand-Hotel und auf die Irische See.

Morgen früh, so gegen acht, werden Sie in Dublin festmachen. Vielleicht werde ich mir dann noch einmal das Frühstück auf meine Suite servieren lassen, vom Bett aus die Hafeneinfahrt beobachten oder auf dem Balkon Wagnerklänge und Wellenklatschen genießen...

Schöner Schein: Einziges Highlight am Hafenabend in Leith – die Bordbeleuchtung...

Grande Dame will sie sein und Diva, perfekte Gastgeberin und Glamour-Queen. Doch ihre reizvollste Seite offenbart sich eigentlich nur in ruhigen Momenten wie diesen. So viel innere Werte sind gut, besser sogar als bei den meisten ihrer schwimmenden Schwestern. Doch reicht das wirklich zum „besten Kreuzfahrtschiff der Welt"? – „Well, my dear", lassen Sie es mich ebenso britisch wie durch die Blume formulieren: „maybe, you are just not my cup of tea".

EUROPA
NASSAU

SILJA SERENADE

TAXI NACH STOCKHOLM

KURZURLAUB MIT KREUZFAHRT-CHARAKTER: EINE NACHT AN BORD DER LUXUSFÄHRE „SILJA SERENADE“.

Zwanzig Minuten dauert die Fahrt der MS „Silja Serenade" hinaus aufs offene Meer. Langsam und beinah lautlos gleitet der hell erleuchtete Fährriese durch Helsinkis Hafenbecken, vorbei an stolzen Patriziervillen, tief verschneiten Parkanlagen und sanft im Winterschlaf schaukelnden Segelyachten. Im glutroten Licht der Dämmerung strahlt die goldene Kuppel der Uspenski-Kathedrale mit den spiegelnden Glasfronten der anderen Nordlandschiffe um die Wette. Voraus liegt Suomenlinna, die kleine Festungsinsel und letzte Engstelle vor der Baltischen See.

Der Sonne entgegen: Im letzten Licht des Tages verlässt die Silja Serenade Finnland und nimmt Kurs aufs offene Meer.

Ein starkes Stück Skandinavien: Größere und luxuriösere Fähren findet man sonst nirgendwo auf der Welt.

PREMIER

An Bord sind an diesem Freitagabend im Januar rund 2.600 Passagiere, 980 Besatzungsmitglieder sowie 430 Autos, Lkws und Busse. Eine schwimmende Kleinstadt, angetrieben von 44.320 PS und untergebracht auf 203 Metern Länge. 16 Stunden dauert die Überfahrt nach Stockholm. Der Energieverbrauch in dieser Zeit würde reichen um 48 Einfamilienhäuser 10 Jahre lang zu versorgen.

Obwohl es noch früh ist, gerade einmal 17.30 Uhr, hat sich vor dem „Seaport"-Restaurant bereits eine erste lange Schlange gebildet. Lobster, Lachs, Lammbraten und Labskaus: die Bord-Buffets sind legendär, und um den Andrang bewältigen zu können, wird in zwei Sitzungen gespeist. Wer es ruhiger und exklusiver mag, genießt derweil die Sternequalität der Cuisine im „Bon Vivant", gehobene A-la-Carte-Menüs im „Maxim" sowie Seafood oder Steaks in zwei weiteren Schiffsrestaurants. Hauptsache, man ist um acht Uhr fertig und verpasst nicht den Auftritt der Hochseilartisten, Zauberer, Jongleure und Clowns, die das Promenaden-Deck und seinen mächtigen Lichthof allabendlich in einen Zirkus auf hoher See verwandeln.

Rund 700.000 Passagiere sind alljährlich mit der „Silja Serenade" zwischen Helsinki und Stockholm unterwegs. Doch nur wenige wählen den Wasserweg, weil sie nicht auf die Mitnahme des eigenen Wagens verzichten wollen. Stattdessen gilt der Trip in die jeweilige Nachbarmetropole für viele Skandinavier inzwischen als beliebter Kurzurlaub mit Kreuzfahrtcharakter, der junge Familien, ältere Ehepaare, gestresste Geschäftsreisende und feierfreudige Singles aller Altersklassen gleichermaßen anzieht. Denn egal, ob Wellness-Oase oder Spielcasino, Theater oder Tanzorchester – die meisten Bordeinrichtungen unterscheiden sich kaum von denen klassischer Cruise-Liner. Mit einer Ausnahme: der 130 Meter lange und über zwei Decks verteilte Shopping-Bereich mit Supermarkt, Boutiquen und Parfümerie gilt weltweit als einzigartig.

Gegen Mitternacht ist die See plötzlich unruhiger geworden und der Wind weht jetzt mit 15 Metern pro Sekunde. Doch weder während der Galashow auf Deck 7 noch im verglasten Nightclub, hoch oben im Schiffsschornstein, ist davon viel zu spüren. Längst hat die Partystimmung an Bord ihren Höhepunkt erreicht; lässt sich kaum noch unterscheiden, ob Wellengang oder Whiskykonsum am sanften Schaukelgang schuld sind.

Shop till you drop: Die Geschäfte auf dem Promenaden-Deck gelten für einheimische Verhältnisse als paradiesisch günstig.

Gar nicht unterkühlt: Skandinaviens Jugend feiert den Fährausflug.

Dass der Alkohol auf der „Silja Serenade" in Strömen fließt und auch die Einkaufsmeile so manchen hartgesottenen Skandinavier in einen Shoppingrausch versetzt, verdanken die Passagiere übrigens einem kurzen Umweg über Mariehamn, der Hauptstadt des autonomen Åland-Archipels. Dass der kleine Fischerort mit seinem finnischen Gouverneur und den knapp 10.000 schwedischsprachigen Einwohnern tagtäglich eine wahre Fährschiff-Amada anlockt, liegt an seinem Sonderstatus als umsatzsteuerfreie Oase inmitten der EU-Hoheitsgewässer – und das sowohl an Land, als auch an Bord sämtlicher Schiffe, die im Hafenbecken anlegen.

Coole Cocktails: Hochbetrieb an der Bar – und das schon kurz hinter Helsinki...

Heiße Rhythmen: Livemusic im Nightclub – und das bis kurz vor Stockholm…

Magischer Moment: Nach einer langen Nacht auf See erreicht die Silja Serenade die Einfahrt zu Stockholms Schären.

Knirschen, Klirren, Krachen – der Weg durch Stockholms Schären klingt wie halb gefrorenes Zitronensorbet, wie Wodka on the Rocks, wie zerbrechende Fensterscheiben. Mit jeder Meile, die sich die „Silja Serenade" jetzt der schwedischen Hauptstadt nähert, wird die Kälte hörbarer. Wie in Zeitlupe zieht der schneeweiße Gigant durch ein Meer aus funkelnden Eiskristallen, vorbei an tausenden kleiner Inselchen, die im Morgenlicht wie Millionen glänzender Diamanten erstrahlen. Pünktlich um 9.30 Uhr ist der Fährterminal erreicht und Stockholms Zentrum nur noch eine kurze Fahrt mit den wartenden Shuttle-Bussen entfernt. Doch während zwei Decks tiefer bereits die ersten Lkws ihre Motoren anwerfen, um die Stadt mit frischem Frachtgut zu versorgen, nehmen die meisten Weekend-Touristen an Bord noch in aller Ruhe ihr Frühstück ein. Viele von ihnen werden beim Ablegen um 17.00 Uhr schon wieder zurück an Bord sein. Die Stunden dazwischen verbringen sie im weltberühmten Vasa-Museum, in den verwinkelten Altstadtgassen von Gamla Stan oder im Kaufhaus „Nordiska Kompaniet", dem „Harrods des Nordens".

Gut gerüstet: Eisklasse 1A garantiert der Silja Serenade auch im kältesten Winter die problemlose Überfahrt.

Stockholms Schärengebiet: Nicht nur als Sommerfrische sehenswert.

Andere bleiben vielleicht sogar für ein paar Tage im winterlichen Stockholm und treten ihre Rückreise mit der „Silja Symphonie", dem Schwesterschiff der „Silja Serenade" an.

Aber ganz egal, wofür sie sich auch entscheiden: vor ihnen allen liegen noch einmal 236 Seemeilen voller Luxus und Langsamkeit mit einem Hauch von Glamour und dem guten Gefühl, beim Reisen sogar noch Geld zu sparen...

Rush-hour: Am frühen Morgen und späten Nachmittag reihen sich die Fährriesen vor den Häfen der beiden Hauptstädte wie Perlen an eine Kette.

Felixstowe
HANJIN

HANJIN GENEVA

IN 85 TAGEN UM DIE WELT

FRACHTER STATT FREIZEITDAMPFER: AN BORD EINES CONTAINERSCHIFFS ERLEBEN SEEREISENDE KREUZFAHRTGENUSS DER GANZ ANDEREN ART.

HANJIN GENEVA

Verwaschene Jeans, kariertes Hemd und dazu ein Tonfall, der jedem Traumschiffkapitän die Schamröte ins Seebärengesicht treiben würde. „Damit eins gleich klar ist", sagt der erste Mann an Bord zur Begrüßung, „Passagiere ham wir hier nich'. Ihr beide gehört ab sofort zur Besatzung". Kein Wunder also, dass Shake-hands und Small-talk auf diesem Schiff ziemlich kurz ausfallen und statt dem sonst üblichen Champagner nur ein Becher dampfender Kaffee auf uns wartet. Doch wir wollten es ja nicht anders. Suchten wahre Seefahrerromantik und fanden die „Hanjin Geneva", einen Containerriesen mit regelmäßigem Rundkurs um die Welt…

Eurokai Hamburg:
Anfangs- und Endpunkt der knapp dreimonatigen Weltumrundung.

Mitanpacken ist an Bord unerwünscht. Doch dafür werfen sich die Matrosen auf Wunsch schon mal in ihre fotogensten Posen.

CAPITAL
HANJIN
HJCU
7563 29 3
HANJIN
HJCU
1214 66 9
HANJIN
HJCU
1196 00 9
HANJIN
HANJIN
HANJIN
04
02
01
03

Ballett der Kräne beim Zwischenstopp in Felixstone.

Hamburg. Der Eurokai am frühen Nachmittag. Eigentlich sollten wir um diese Zeit längst auf der Nordsee sein. Doch noch immer kreisen Kräne über unseren Köpfen. Das Löschen hat sich verzögert und für das Laden fehlten bis eben die letzten Papiere. Also liegen wir hier und lauschen den krächzenden Lautsprecherdurchsagen der Hafenausflugsdampfer: „Backbord, meine Damen und Herren, sehen sie die Hanjin Geneva, ein koreanisches Schiff unter liberianischer Flagge. Mit knapp 10.000 Containern Ladekapazität gehört es in die Kategorie der Mega-Frachter. Noch heute wird es von hier aus in See stechen…" Doch bis es endlich so weit ist, vergehen noch einige Stunden, in denen unsere Nerven vom ständigen Dröhnen und Vibrieren der Schiffsmotoren reichlich blank liegen. Denn während rund um uns herum auf Hochtouren gearbeitet wird, sind wir auf den Balkon des F-Decks verbannt worden. „Jeder andere Platz an Bord, wäre für euch Landratten im Moment zu gefährlich. Aber sobald wir erst mal abgelegt haben, könnt ihr euch natürlich frei bewegen", hat man uns entschuldigend erklärt. Also stehen wir hier oben und beobachten, wie sich tief aus dem Schiffsbauch heraus die rostroten Container Richtung Himmel stapeln.

Unser schneeweißer Ausguck gleicht einem riesigen, stählernen Hochhaus, das in seinem Inneren auf neun Etagen neben der Brücke nicht nur sämtliche Crew-Unterkünfte und Aufenthaltsräume beherbergt, sondern außerdem auch noch die Küche, eine Bar, die Bibliothek, das Schiffsoffice sowie eine kleine Sauna samt Fitnessbereich.

Im Vergleich zu den meisten Kreuzfahrtschiffen fallen unsere „Owner-Kabinen" auf der „Hanjin Geneva" riesig aus: Schlafzimmer, Wohnsalon, blitzblankes Bad – die Einrichtung mag zwar spartanisch sein, doch trotzdem lässt es sich hier selbst an langen Seetagen bequem residieren.

Und dann geht es endlich los: Achtern hat ein kleiner Schlepper festgemacht, der uns aus dem Hafenbecken bugsieren soll. Doch was zunächst einmal an den Kampf zwischen David und Goliath erinnert, entpuppt sich schnell als eingespieltes und millimetergenaues Manöver, bei dem der „Wasserfloh" eindeutig das Kommando angibt.

Gläserne Bürotürme, Blankenese und seine in den Hang gebauten Häuschen, weidende Kühe auf grünen Wiesen – im Zeitlupentempo zieht die Landschaft an uns vorbei. In Willkommhöft spielt die weltberühmte Schiffsbegrüßungsanlage zu unseren Ehren die Nationalhymne. Dann wird es ruhig an Bord. Insgesamt acht Stunden dauert die Fahrt über die Elbe in die Nordsee. Eine Strecke, die vom Kapitän und den alle paar Kilometer wechselnden Lotsen höchste Konzentration erfordert.

Gegessen wird später, nachdem das Festland endlich hinter uns liegt. Für den heutigen Abend stehen Braten, Gemüse und Kartoffeln auf dem Speiseplan. Frische, lecker zubereitete Hausmannskost, die wir, die „bezahlenden Besatzungsmitglieder", zusammen mit den Offizieren einnehmen. Jenseits der Kombüse, in einem weiteren Speisesaal, hat sich der asiatische Teil der Crew versammelt. Die meisten der 15 Matrosen stammen von den Philippinen.

Engstelle Elbe: Die Fahrt von Hamburg hinaus aufs Meer erfordert acht Stunden Aufmerksamkeit.

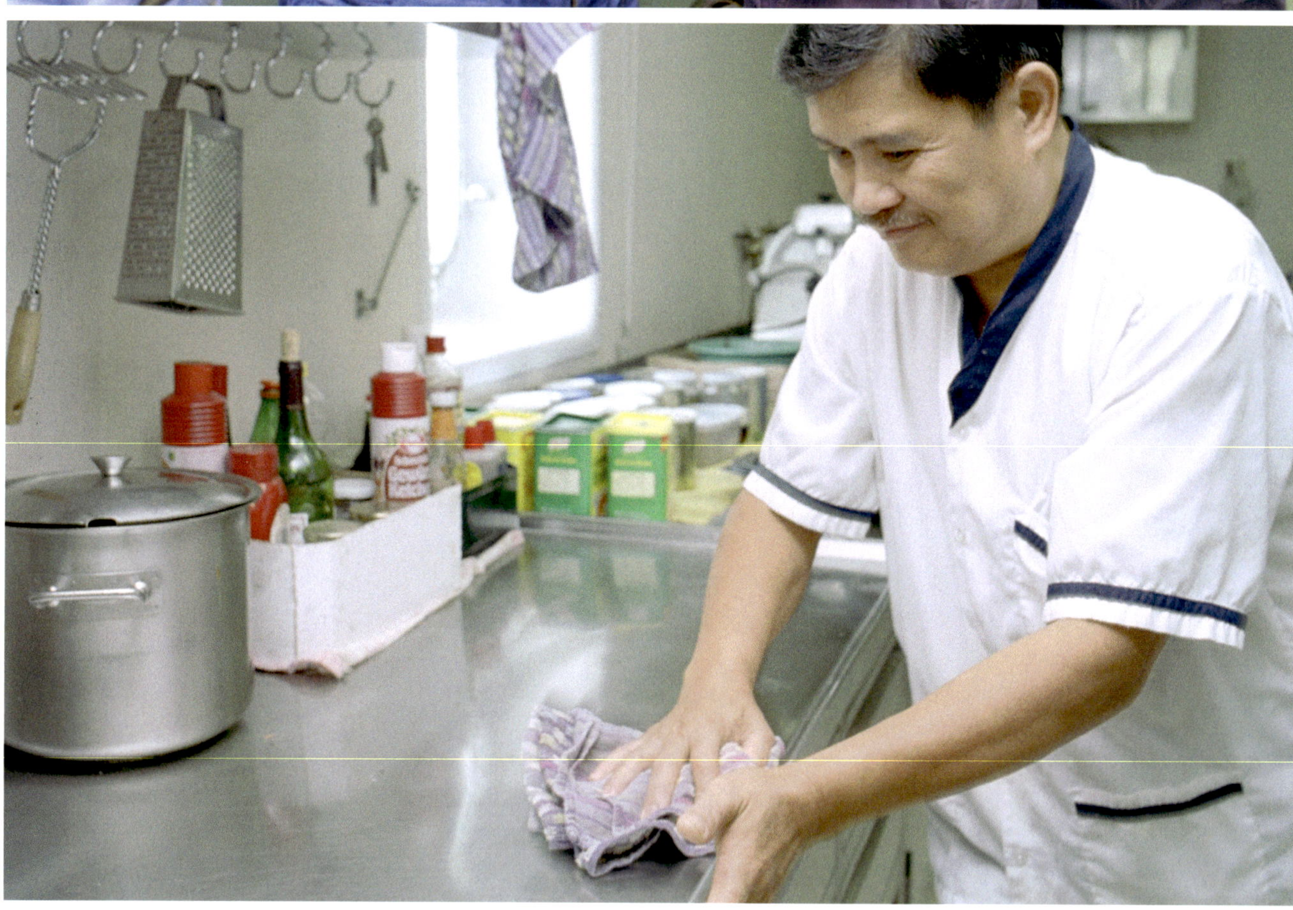

Die Mehrzahl der Besatzung stammt von den Philippinen – hat das Schiff im Griff und die Küche unter Kontrolle.

Der 40-Fuß-Schiffscontainer: 11,98 m lang, 2,28 m hoch, 2,33 m breit und im Fachjargon nur „Dose“ genannt.

Gegenverkehr beim Passieren des Ärmelkanals.

Sie verfügen über einen eigenen Schiffskoch und bilden eine verschworene Gemeinschaft, die auch die Abende zumeist zusammen verbringt. Teamgeist, der den sechs deutschen Offizieren an Bord eher fremd ist. Bereits kurz nach dem Essen haben sie sich in ihre Kabinen zurückgezogen und verbringen die paar freien Stunden mit Lesen oder Videogucken. Vor uns liegt eine Nacht auf der Nordsee und die Unendlichkeit des Meeres, die sich auf einem solchen Trip ganz besonders deutlich spüren lässt.

Felixstone, der nächste Morgen. Ein grauer Industriehafen, weit weg von allem Sehenswerten. Die Zeit bis zum Ablegen ist zu kurz, um ein Stückchen schöneres Südengland kennen zu lernen, und so werden wir wohl an Bord bleiben müssen.

„Warum bucht man einen solchen Urlaub?" fragen wir Mareike, Holländerin und drittes „zahlendes Besatzungsmitglied" der „Hanjin Geneva". „Weil man den Kopf endlich frei bekommt, den Alltag und irgendwann sogar das Datum und die Uhrzeit vergisst", erklärt uns die 48-Jährige und erzählt von den vielen Frachtschiffreisen, die sie im Laufe der letzten zwei Jahrzehnte schon absolviert hat. Im Gegensatz zu uns wird Mareike diese Fahrt bis zum Ende begleiten. Sie wird eine knappe Woche lang den Atlantik überqueren, die US-Ostküste entlang schippern, die Karibik durchkreuzen, den Panama-Kanal passieren und schließlich Kurs Richtung Japan nehmen. Von dort geht es weiter über China, Taiwan und Singapur in Richtung Afrika und alte Heimat. Für Mareike 85 Tage lang Erholung pur. Für die Crew eine von zwei aufeinander folgenden Weltumrundungen, an die sich drei Monate Landurlaub anschließen.

„Abenteuerlust? Nein, damit hat dieser Job nun wirklich nichts zu tun", erzählt uns der erste Offizier an Bord. Seit 16 Jahren ist er nun schon dabei, lässt regelmäßig Frau und Kind zurück und rechnet uns vor, dass noch immer mehr Freizeit für die Familie übrig bleibt als bei den meisten an Land arbeitenden Vätern. „Aber zurück zum Bordleben. Das meiste ist Routine und unterscheidet sich kaum von einem Job in der Fabrik."

„Und was ist mit den wartenden Mädchen in jedem Hafen?"

„Nichts als Seemannsgarn", lacht er und fügt fragend hinzu, wo die schönen Bräute den bitteschön warten sollten, in den abgeriegelten Containerhäfen, weit vor den Toren der meisten Städte… Später am Abend nimmt uns der leitende Ingenieur, den sie in der Salzwassersprache auch „den Dieselfresser" nennen, noch mit zu einer Führung durch seinen Arbeitsbereich, den Maschinenraum. Sämtliche Motoren seien aus Korea, denn so etwas bekämen wir Deutschen schon seit Jahren nicht mehr hin. Und überhaupt müssten wir Europäer aufpassen, als alte Seefahrernationen nicht den Anschluss zu verpassen. „Denn was die Asiaten in den letzten Jahren an Häfen und technischem Knowhow entwickelt haben, ist schon beachtlich". Genauso wie der Wellengang, den wir als stabilisatorenverwöhnte Kreuzfahrer in dieser Nacht ganz besonders deutlich spüren.

Hamburg? Felixstone? Oder doch schon Rotterdam? Moderne Frachthäfen gleichen einander wie ein Container dem anderen.

M S C
MSC
HANJIN
K LINE

Dienstbesprechung statt Dinner-Talk: Alltag auf einem Frachtriesen.

Der nächste Morgen. Nachdem wir die Nordsee erneut überquert haben, liegen wir jetzt im Hafen von Rotterdam. Für uns wird die Reise hier zu Ende sein. Ein letztes Frühstück in der Offiziersmesse, dann klettern wir über die schwankende Gangway von Bord. Drei Stunden vielleicht, dann werden Mareike und die 22 Männer an Bord in See stechen. Doch bis dahin wird gelöscht und geladen, gestapelt und geschraubt.

Ein Shuttle-Bus bringt uns vom Kai zur Hafenausfahrt. Noch einmal staunen wir über das Ballett der Kräne, die führerlosen, wie von Geisterhand gezogenen Transporter und die kilometerlangen Containerhalden. „Und, auf Landurlaub?" fragt uns der Busfahrer und macht uns damit schon ein bisschen stolz. Denn schließlich waren wir ja keine Passagiere, sondern (bezahlende) Besatzungsmitglieder!

Sun-Decks sucht man auf der Hanjin Geneva vergebens. Platz zum Sonnen und Seele-baumeln-lassen gibt's trotzdem reichlich.

ATLAS

STAR PRINCESS

GLAMOUR ON THE ROCKS
DAS „ABENTEUER ALASKA“ HAT BIS HEUTE NICHTS AN FASZINATION VERLOREN. DOCH DA „NATUR PUR“ UND „LUXUS SATT“ KEINE GEGENSÄTZE SEIN MÜSSEN, SETZT MAN AN BORD DER „STAR PRINCESS“ NICHT NUR AUF KALBENDE GLETSCHER, SONDERN AUCH AUF HAUTE CUISINE, AUF COOLES NIGHTLIFE UND AUF GRANDIOSE GEBIRGSMASSIVE.

„Drei Dollar mehr und ihr bekommt nicht nur free refills, sondern auch noch den hippen Hurricane-Becher zum Mit-nach-Hause-nehmen." Für Fernando, den karibikrum-braunen Bartender, ist es der „deal of the day". Für uns eine echte Versuchung, denn sein „Pioneer's Punch" gilt als ebenso lecker wie legendär.

Es ist der erste Tag einer einwöchigen Kreuzfahrt. Vor uns liegt die Skyline von Vancouver, hinter uns die Strapaze eines nicht enden wollenden Transatlantikfluges. Und mittendrin schweben wir – hoch über dem Hafenbecken und high vom Alkohol sowie der Aussicht auf eine Woche Alaska.

Das Abenteuer Alaska beginnt und endet für die meisten Touristen an Bord eines luxuriösen Kreuzfahrtschiffes.

Der Eiszeit entgegen: Die Star Princess nimmt Kurs auf die Glacier Bay.

„Skywalkers Night Club“ heißt unser Ausguck auf Deck 17 – ein seltsam futuristisch anmutendes Konstrukt – das in seiner ganzen Hässlichkeit an die Heckspoiler heimischer Vorstadtschlitten erinnert. Tagsüber fungiert es als weithin sichtbares Wahrzeichen – und als Alaskas atemberaubendste Panorama-Lounge. Nachts verwandelt es sich in eine schwimmende Partyzentrale für uns und 2.598 weitere feierwütige Passagiere an Bord.

Zu erreichen ist dieser – die Meinungen der Mitreisenden in zwei Lager spaltende Architekten-Albtraum – über eine Rolltreppe, die sich durch einen gläsernen Tunnel auf Schwindel erregende 45 Meter über Normalnull windet. In den nächsten Tagen wird sie uns noch häufiger hinaufbeamen, damit wir uns – dem nordischen Sommerhimmel so nah – hier oben berauschen können. Nein, nein! Nicht was Sie jetzt denken! Nicht an Fernandos hochprozentigen Cocktail-Kreationen! Sondern am einzigartigen Ausblick!

„Magnificent“, „spectacular“ und „absolutely amazing“ – der nächste Tag ist Seh-, Hör- und sonstiger Sinntag zugleich. Wir halten Ausschau nach Walen und Delfinen, lauschen jubelnden Mitreisenden, riechen Wildnis, die nach Tannenzapfen duftet, schmecken salzige Seeluft auf den Lippen und fühlen die feuchte Kühle vorüberziehender Nebelschwaden auf der Haut. Es ist der zweite Tag an Bord und unsere „Sternenprinzessin“ gleitet im Zeitlupentempo durch die weltberühmte „Inside Passage“ – vorbei an unbewohnten Inseln, tiefdunklen Nadelurwäldern, schroffen Felsformationen und steil in den Himmel ragenden Fjordausfahrten.

Für den Abend hat Capitän Proctor zu shake hands und Shrimps-Cocktails geladen. Es ist der Auftakt zu einer festlichen Galanacht, die bestimmt wird vom Klirren der Champagnerkelche und vom Klicken sämtlicher Kameras an Bord.

Ketchikan – „the first City“ verdankt seinen Namen den Tlingit-Indianern und seinen klangvollen Zusatz der Lage in Alaskas tiefem Süden. Wer immer Richtung hoher Norden unterwegs war, machte hier Halt, um seinen Proviant aufzufüllen oder um sich einfach nur ein Päuschen in der Zivilisation zu gönnen.

Heute lebt man hier vom Lachsfang und von den nicht enden wollenden Touristenschwärmen, die während der Sommersaison wie Moskitos über das 15.000-Einwohnernest einfallen. Allzu viel hat man ihnen jedoch nicht zu bieten – die größte Totempfahlsammlung der Welt, das zum Museum umgebaute Bordell sowie die Hand voll hübscher Holzhäuschen am Ufer des Ketchikan Creek – „sorry, that's it“, erklärt die freundliche Dame am Schalter der Touristen-Info und verweist stattdessen auf das große Shoppingangebot in den Nebengässchen der Main Street. Immerhin, so sagt sie, seien wir doch Kreuzfahrer und die kämen schließlich hauptsächlich zum Einkaufen!

„Let us entertain you“ – lautet das allabendliche Motto an Bord und damit sich auch wirklich jeder Gast gut unterhalten fühlt, sorgen nach Einbruch der Dunkelheit knapp 60 Sänger, Schauspieler und Musiker für Leben in den Lounges, Bom-

Statt keck am Heck einfach nur bildschön am Bug.

Futuristisch? Furchtbar? Oder furchtbar futuristisch?
Der „Heckspoiler“ spaltet die Gemüter.
Die vielen Balkonkabinen gefallen hingegen allen.

Goldrausch gibt's heute nur noch auf Blechtafeln.

benstimmung in den Bars und buntes Treiben im Theatersaal. Und wer nach einem mitternächtlichen Tänzchen noch immer nicht den Ball flach halten möchte, kann beim Roulette die ersten Urlaubsdollars riskieren.

Der zweite Landgang, die zweitgrößte Stadt der Welt: Juneau steht für heute auf dem Programm: 30.000 Einwohner klein, 8.400 Quadratkilometer groß. Steilhänge und Shopping-Center prägen das Bild des Ortes, der sich rühmt, Alaskas Parlament und seine Regierung zu beherbergen. Nein, Juneau ist keine schöne Stadt. Weder auf den ersten Blick, noch beim zweiten Hinsehen. Doch dafür kann man, ausgestattet mit etwas Geduld und einem Fernglas, vom Marine-Park aus den vorbeiziehenden Walfamilien zuschauen.

Oder aber man begibt sich gleich in den berühmten „Red Dog Saloon". Trinkt sich die Stadt einen Schluck hübscher und grölt irgendwann mit dem Rest der Meute die Songs von Johnny Cash, Dolly Parton oder den Eagles. Reichlich alkoholisiert und guter Dinge machen wir uns schließlich auf den Weg zurück zum Schiff und wundern uns, warum man die Einheimischen im Rest des Landes bloß als „sourdoughs" bezeichnet. Denn bei allem was Recht ist, sonderlich „sauerteigig" kamen sie uns an diesem Nachmittag jedenfalls nicht vor.

Glaubt man der Geschichte, dann galt Skagway vor gut 100 Jahren noch als das Sündenbabel des Nordens, als die Hölle auf Erden und als der Ort, an dem der liebe Gott die Welt zuerst untergehen ließe – so er denn Lust dazu hätte. 20.000 Menschen haben damals hier gehaust und gemäß dem einzigen Gesetz des Ortes – „wer zuerst schießt, lebt am längsten" – ums Weitervegetieren gekämpft.

Schuld an den rauen Sitten und den locker sitzenden Colts war der letzte große Goldrausch, der zwischen 1896 und 1899 allerlei ehrbare Abenteurer und noch mehr zwielichtiges Volk nach Skagway zog. In Windeseile entwickelte sich der Ort zur temporären Heimstatt für hoffnungsfrohe Helden. Hier nahm man das letzte Bad und den letzten Whiskey, bevor es Richtung White Pass und Yukon River weiterging. Und hierher kam man auch nach Monaten wieder zurück – entweder als reicher Mann oder als gebrochene Existenz. Auf jeden Fall aber hungrig nach Sex und nach noch mehr glänzenden Gold-Nuggets. Heute ist von so viel Tatendrang nichts mehr zu spüren. Gerade einmal 800 Einwohner zählt der Sheriff während der Sommermonate. Wie viele es im Winter sind? „Well, streichen Sie einfach eine Null weg...". Skagway lebt von den Kreuzfahrern und von der größten technischen Touristenattraktion des Landes – der „White Pass & Yukon Railway", die sich seit 1988 wieder die Berge hochquält. Mehr als 400 Tonnen Dynamit waren 88 Jahre früher nötig, um einen schmalen Trampelpfad in eine halsbrecherische Bahnstrecke zu verwandeln. Heute passiert man die Strecke von Skagway nach Fraser in den restaurierten Wagons von einst und erfreut sich am spektakulären Ausblick. Mancher mag sich allerdings fragen, warum hier jeder Baum, an dem schon einmal ein Goldgräber lehnte, als „historical site" und damit als fototaugliche Zwangsstation gilt...

Ob Kanutour oder Panoramazug: In Skagway beginnt die Action gleich vor der Gangway.

Dicke Decken hin und plüschweiche Plaids her – wenn Alaskas Wettergötter wieder mal nicht wollen, halten die Bordliegestühle eben Sommerschlaf.

Wie gut, dass unser „Princess Patter – the daily guide to all your cruise activities" für den Nachmittag das „Spa-Taster"-Sonderangebot für sensationelle $ 79,– propagiert: Dampfbad, Sauna, Pickelausdrücken, dann noch eine aromatherapeutische Rückenmassage und schließlich zum Relaxen auf die geheizten Ruheliegen – wir lassen nichts aus. Und wenn man von der Pickelnummer einmal absieht, tut unserem durchgeschüttelten Körper heute auch einfach alles gut.

Ding, dong, ding – wie an jedem Morgen weckt uns auch heute der sanfte Klingelton des Bordlautsprechers. Doch während wir uns sonst noch einmal ins Laken kuscheln und unserem walisischen Cruise-Director beim bordgemachten Frühstücksfernsehen zuschauen, gibt es an diesem Tag kein Liegenbleiben mehr. Den Schlaf noch in den Augen und die Kaffeetasse gefährlich voll, zieht es uns aufs Sundeck – Gletscher gucken, denn seit den frühen Morgenstunden stapeln sich im Nordosten die Eiswände wie bläulich-weiße Wolkenkratzer in den Himmel. Wir kreuzen in der Glacier Bay und kommen uns auf unserem Schiff plötzlich gar nicht mehr so groß und so furchtbar furchterregend vor. Was sind unsere lächerlichen 110.000 Bruttoregistertonnen schon gegen die Gewalt eisschollengebärender Gletscher? Mit einem lauten Knall krachen sie ins Meer, schlagen kurz hohe Wellen und treiben dann noch tagelang auf unberechenbarem Kurs durch die Bucht. Für unseren Kapitän und den herbeigerufenen Lotsen bedeutet so ein Tag absolute Schwerstarbeit. Schließlich wird die Fahrt durch diesen eisigen Garten Eden nicht nur durch umherirrende Eisberge behindert, sondern auch durch rigide Auflagen und strenge Blicke der Nationalpark-Rangers. Ununterbrochen beobachten sie das Treiben auf der Brücke und wachen über die nötigen Sicherheitsabstände zu fischfangenden Buckelwalen und sonnenbadenden Seelöwen.

Für den Abend verspricht das Bordprogramm ein weiteres Galadiner samt meterhoher Champagnerglas-Pyramide und munterem Luftschlangenwerfen. Doch da kollektives amerikanisches Amusement nicht ganz nach unserem Geschmack ist, verwandeln wir den heutigen Abend in eine „notte italiana". Bis tief in die Nacht sitzen wir in der bordeigenen Trattoria zusammen, trinken Vino und Cappucino und plaudern bei einem abschließenden Becher Semifreddo über die Vorzüge des „Personal Choice Cruising". Denn dem verdanken wir schließlich diesen Abend beim Nobel-Italiener.

Erste Hilfe gegen hartnäckige Rettungsringe.

Oder, besser geschrieben: hätten die Princess-Strategen uns Passagieren nicht so viel kulinarische Abwechslung gegönnt, dann säßen wir jetzt in unserem Speisesaal – mit festen Essenszeiten und einer vorgegebenen Menükarte. So aber haben wir die Qual der Wahl zwischen Sushi-Bar und Burger-Grill, Kaviar-Corner, Tex-Mex-Restaurant und dem 24-Stunden-Buffet.

9.00 Uhr, der nächste Morgen. Über Nacht hat unsere Sternenprinzessin den Golf von Alaska durchquert. Wir liegen im wannenwarmen Wasser eines leise vor sich hin blubbernden Whirlpools und genießen die imposante Einfahrt in den Prince Wil-

Kreuzen im Prince William Sound: Ein Fest für die Sinne und Futter für die Kameras.
<< Majestätisch schön: Die Sternenprinzessin und Alaskas Bergwelt.

Glamour in der Glacier Bay: Bei der abendlichen Gala fließt der Champagner gleich pyramidenweise in die Kelche.

Gar nicht unterkühlt: Am Abend geht es heiß her, ganz egal,
wie kalt es draußen auch gerade sein mag.

Wohlige Wärme gegen klirrende Kälte. Bester Platz zum Eisberge gucken: Der Whirlpool.
Wo Natur plötzlich zum Greifen nah erscheint... >

Good-bye Gletscher: Abschied von einer faszinierenden Landschaft.

liam Sound. Steuerbords Berge, backbords Berge, unter uns tiefblaue See und über dem versenkbaren Glasdach unserer tropischen Wasserwelt ein blitzblanker Nordsommerhimmel…

Aber dann wird unsere Traumwelt vor dem Bligh Reef doch noch gestört: Bei der Erinnerung an den Schiffbruch der Exxon Valdez, die damals genau an dieser Stelle zerbrach und damit eine der größten Umweltkatastrophen der Geschichte auslöste. Auch wenn von den Folgen längst nichts mehr zu sehen ist – die TV-Beiträge mit bleischwer ans Ufer schwappenden Ölwellen und qualvoll verendenden Seevögeln lassen sich eben doch nicht so leicht aus dem Gedächtnis waschen.

Es ist der letzte Tag an Bord. Noch einmal genießen wir Landschaft und Luxus im Überfluss, dann mahnen die ersten Koffer vor den Kabinentüren der Mitreisenden zum Packen.

Per Bus und Flieger geht es morgen via Anchorage zurück ins vergleichsweise zu eng erscheinende Europa.

Jedem sein Plätzchen zum Sachen entdecken und selber finden.

Planschen im Prince William Sound: Der geheizte Outdoor-Pool macht's möglich.

Was uns von dieser Reise bleibt? Bilder, die sich nicht auf Film bannen lassen, so wie Fernandos hipper Hurricane-Becher. Wenn man ihn mit Wodka füllt, ein bisschen wartet und dabei die Eiswürfel klirren lässt, klingt er wie ein Tag am Fuße des Gletschers oder wie eine Nacht im „Skywalkers Night Club", unserem Ausguck auf Deck 17. Auf jeden Fall versetzt er uns Schluck für Schluck nach Alaska – und das ist wirklich ein verdammt guter Deal für gerade einmal drei Dollar...

Treibeis lässt Passagiere staunen und die Mannschaft auf der Brücke ins Schwitzen geraten.

ADVENTURE OF THE SEAS

ADVENTURE OF THE SEAS

THE AMERICAN WAY OF CRUISE

KEINE MEILE LANGEWEILE AUF DEM GRÖSSTEN KREUZFAHRTSCHIFF DER WELT.

Karibik wie aus dem Katalog: Wolkenweiß, hügelgrün und meerwasserblau.

Noch eine letzte lang gezogene Linkskurve, dann liegt San Juan unter dem Flugzeugfenster. Doch kaum einer an Bord interessiert sich in diesem Moment für die verwinkelten Altstadtgässchen, die von der Unesco zum Weltkulturerbe erklärte Festungsanlage El Morro oder die protzigen Hotelkästen am puderzuckerfeinen Condado-Beach.

Stattdessen lauter wohlige „wows“ beim Anblick des mächtigen Kreuzfahrthafens, an dessen gläsernen Terminals mindestens ein Dutzend strahlendweiße Megaliner auf Passagiere warten.

Luftig-lauschiges Lieblingsplätzchen: Die Bugspitze mit der umlaufenden Promenade.

27A

Auch wenn's keinen vom Hocker haut – imposant ist sie schon...

Es ist Samstagmittag, Anfang März. Schon seit den frühen Morgenstunden herrscht auf Puerto Ricos größtem Airport Hochbetrieb: Maschinen im Minutentakt, Gedränge am Gepäckband, Buskarawanen, die vor dem Abfertigungsgebäude auf blassgesichtige Karibik-Kreuzfahrer warten. Dass sich das Chaos trotzdem in überschaubaren Grenzen hält, liegt an den Heerscharen uniformierter Reederei-Mitarbeiter, die ausgestattet mit jeder Menge Geduld und noch mehr leuchtend-bunten Papptäfelchen, auch den letzten Neuankömmling sicher in Richtung Traumschiff bugsieren. Keine leichte Aufgabe, denn schließlich sollen allein mit der „Adventure of the Seas", dem größten Kreuzfahrtschiff der Welt, heute noch knapp 4.000 Winterflüchtlinge in See stechen. Doch die Logistik funktioniert, und so liegen zwischen Flughafen-Gate und Schiffs-Gangway gerade einmal zwei Stunden – sowie ebenso viele Gläser Rum-Punsch zur Begrüßung.

„The world is waiting. Get out there", steht auf dem bunten Cruise-Handbook, das zusammen mit unzähligen weiteren Reedereibroschüren in den holzvertäfelten Kabinenschubladen liegt. Doch die Welt muss warten, denn schließlich will zunächst einmal der Makrokosmos Megaliner erobert werden.

3.114 Passagiere, 1.200 Besatzungsmitglieder, 311 Meter Länge, 38 Meter Breite: Zugegeben, Zahlen sind zumeist eine ziemlich zähe Angelegenheit – selbst dann, wenn es sich dabei um die eines schwimmenden Superlativs handelt. Also, 140.000 Bruttoregistertonnen hin und 672 Millionen Dollar Baukosten her: das Abenteuer „Adventure of the Seas" beginnt für die meisten Reisenden auf der „Royal Promenade", einer eleganten Flaniermeile mit Champagner-Bar und Café, Duty-free-Shops und Designerboutiquen. Ob Kunstauktion oder karibischer Karnevalsumzug – beinah rund um die Uhr finden hier auf 120 Metern Länge irgendwelche Veranstaltungen statt. Und damit auch möglichst viele Passagiere in den Genuss des schwimmenden Boulevards kommen, wurden die Innenkabinen der darüber liegenden drei Decks mit großen Fenstern zum zentralen Lichthof ausgestattet. Wem der Sinn statt nach Shopping und Staunen eher nach sportlicher Betätigung steht, kommt derweil im „Shipshape Centre" voll auf seine Kosten: Das Fitness-Studio mit freier Aussicht aufs Meer verfügt über die neuesten Geräte und erstklassig ausgebildete Personal Trainer, die jedem zusätzlichen Pfund mit Pilates-Stunden, Power-Yoga oder Spinning-Kursen zu Leibe rücken. Doch, wer will schon im Klimatisierten trainieren oder sogar auf der bordeigenen Eislaufbahn seine Runden drehen, wenn draußen Jogging-Track, Inline-Skating-Ring, Basketball-Court, Minigolfplatz oder Freeclimbing-Felsen locken?

So winzig wie ein Puppendorf liegt am nächsten Morgen Oranjestadt mit seinen bonbonfarbenen Häuschen vor den Balkontüren der Backbordkabinen. Der Weg vom Landungssteg ist nicht weit, und wer keine Lust hat auf Busrundfahrten oder Bootsausflüge, spaziert vorbei an unzähligen Souvenirständen und Straßenhändlern hinüber in Arubas Hauptstadt.

So lang wie der Eiffelturm hoch: Die Adventure of the Seas am Kai von Curaçao.

„Geht nicht" gibt's nicht auf der Adventure of the Seas.
Und deshalb kann man an Bord nicht nur klettern, sondern sogar Eis laufen!

Und, ach ja: Volleyball spielen kann man hier auch,
ebenso wie Rollerbladen, Wasserrutschen oder Bälle einputten...

Echt falsch: Kolonialer Zuckerbäckerstil in Arubas allgegenwärtigen Einkaufsarkaden.

Zu den Sehenswürdigkeiten des Ortes gehört der „Schooner Market“, ein schwimmender Markt, auf dem zur frühen Stunde die Fänge der Nacht angeboten werden. Nur ein paar Taximinuten weiter lässt sich Frischfisch hingegen (noch) live bewundern. Der „Arashi Underwater Park“ im Nordwesten der Insel ist bekannt für seinen Artenreichtum und bietet selbst ungeübten Tauchern spektakuläre Einblicke in die Unterwasserwelt der südlichen Karibik. Einen seiner Hauptanziehungspunkte verdankt das Naturschutzgebiet vor der Küste übrigens einem deutschen Kapitän, der hier zu Beginn des Zweiten Weltkriegs seinen Frachter in nur 15 Metern Meerestiefe versenkte. Die Mastspitze der „Antilla“ ragt bis heute trotzig aus dem türkisblauen Wasser und bei ruhiger See lässt sich der Weg vom Strand zum Wrack sogar mit Schnorchel und Flossen zurücklegen. Sehr viel mühsamer gestaltet sich da schon die Suche nach Sehenswertem im Landesinneren: Die kleinste der drei ABC-Inseln gilt als äußerst vegetationsarm, flach und eintönig. Und wen beim Anblick der trockenen Savannenlandschaft noch nicht das Karibik-Feeling verlässt, der kapituliert spätestens bei der Aussicht auf Arubas alte Erdölraffinerie... Kein Wunder also, dass die meisten Pauschaltouristen ihre Ferien-Ressorts nur selten verlassen und sich am frühen Nachmittag auch die Mehrzahl der Kreuzfahrer an den palmengesäumten und calypsobeschallten Hotelstränden der Westküste wiederfindet.

Ähnlich ausgelassen wie in den Beach-Clubs und Pool-Bars der Insel geht es gleich nach dem mitternächtlichen Ablegemanöver auch an Bord der „Adventure of the Seas“ zu: „Jester's“ steht auf dem massiven Holztor, hinter dem sich die zweigeschossige Bord-Diskothek befindet. Wie in jeder Nacht, wird sie auch heute bis zum Morgengrauen geöffnet bleiben und ihr partybegeistertes Publikum mit Mega-Hits und mittelalterlichem Burgambiente unterhalten – nebelspeiende Drachenköpfe und kuschelige Kerkerecken inklusive.

„A very good morning from the bridge! This is Captain Johnny speaking...“ Für den ersten Mann an Bord war es eine ruhige Nacht. Die wenigen Seemeilen hinüber nach Curaçao konnten ihm kaum den Schlaf rauben und so klingt seine allmorgendliche Lautsprecheransage heute noch ein bisschen besser gelaunt als sonst. Wer will, kann ihm und seinen Kollegen übrigens beim Anlegen über die

Absolut authentisch: Holländisches Bier in den Hafenkneipen.

Schulter schauen – und das sogar im wahrsten Sinn des Wortes. „Peek-A-Boo-Bridge“ heißt jene neugierbefriedigende Einrichtung, die es den Passagieren jederzeit ermöglicht, das Treiben auf der direkt darunter gelegenen Kommandozentrale durch große, getönte Fensterscheiben zu beobachten.

Allzu viel bekommen sie an diesem Morgen jedoch nicht geboten: Ein neu entwickeltes Antriebssystem mit in alle Himmelsrichtungen drehbaren Außenbordmotoren ermöglichen dem Capitän das beinahe zentimetergenaue Anlegen per Joystick und Computertastatur.

Erlauben tiefe Einblicke: Die Fensterfront direkt über der Brücke und die offenen Decks über der „Royal Promenade".

Nicht jedermanns Sache: Kollektiver Frohsinn im Kreise amerikanischer Karibikkreuzfahrer.

Da herrscht nur kurze Zeit später schon deutlich mehr Hektik: Die Aussicht auf den Mega-Cruiser im Hafen und ein paar schnell verdiente Dollar als Fremdenführer in der Tasche scheinen halb Curaçao an diesem Morgen an die Pier getrieben zu haben. Doch mit allzu viel Attraktivem kann auch die größte der drei ABC-Inseln nicht aufwarten: Buschwerk und Gestrüpp so weit das Auge reicht, unterbrochen nur von steil in den Himmel ragenden Kakteen und ein paar passatwindschiefen Divi-Divi-Bäumen. Die eigentliche Attraktion Curaçaos ist die Hauptstadt und der dazugehörige Hafen, der seit der Inbetriebnahme des Panama-Kanals im Jahre 1914 ständig an Bedeutung gewann und inzwischen als fünftgrößter der Welt gilt.

Egal ob Schmuck, Uhren, Porzellan, Heimelektronik oder Mode – Willemstad gilt als das Einkaufsparadies der Karibik und ist dank Dollarkurs zumindest für US-Touristen sogar äußerst preiswert. Die meisten Luxusläden befinden sich rund um die Bredestraat, dort wo auch die Geschichte von Karl Fuhrmann und Wolf Spritzer begann: In den zwanziger Jahren kamen die beiden jungen Uhrmacher aus Österreich auf die Insel, eröffneten zunächst eine kleine Reparaturwerkstatt, dann eine Goldschmiede… Heute umfasst das Imperium ihrer Familien allein neun Schmuckgeschäfte auf Curaçao, sowie 30 „Spritzer & Fuhrmann"-Dependancen auf anderen Antillen-Inseln.

Obwohl Willemstad mit seinen pastellfarbenen Giebelhäuschen, verwinkelten Gassen und schnurgeraden Kanälen die „holländischste" aller Karibik-Kapitalen ist, präsentiert sich seine Bevölkerungsstruktur erstaunlich multikulturell: Moslems, Katholiken, Juden oder Protestanten – Menschen aller Konfessionen und Nationalitäten finden hier seit dem 17. Jahrhundert eine neue Heimat. Und so verwundert es auch nicht, dass hier, mitten in der Karibik, die älteste Synagoge der westlichen Hemisphäre steht. Nicht weniger kurios: der Marché, Willemstads altes Marktgebäude, wo sich jeden Mittag die Angestellten der umliegenden Büros zu Leguanragout und Ziegeneintopf versammeln. Gekocht wird bis heute in riesigen Töpfen und auf offenen Holzkohlefeuern – während nur wenige Meter weiter die Internet-Cafés und Mac-Donalds-Filialen auf Kundschaft warten.

Zurück auf der „Adventure of the Seas" hat man die Frage, ob karibische Cuisine oder American Cooking, inzwischen auf die diplomatische Art gelöst und für den Abend italienische Cucina auf die

Genuss pur – und das rund um die Uhr: Egal ob beim Burger weit nach Mitternacht (s.o.), oder beim Gala-Dinner unter dem Luster des dreigeschossigen Speisesaals.

Speisekarte gesetzt. „Una notte veneziana" steht auf dem Programm und das beinhaltet neben Pasta, Pizza, Pesto und Pesce auch noch die eine oder andere Gesangseinlage der als Gondoliere gewandeten Besatzungsmitglieder.

Für den nächsten Tag ist „Erholung auf See" angesagt. Doch statt maritimem Müßiggang scheinen die meisten Mitreisenden ihre Managerqualitäten (wieder)entdeckt zu haben: Kaum ein Tisch an dem zum Frühstück nicht über die Bordzeitung konferiert wird: „Sollen wir zum Serviettenfalten in die Imperial Lounge oder (Kunstpause) wäre das Diätseminar im Ship-Shape-Spa nicht informativer (Kunstpause), Darling?" „Gehen wir zur Cooking Show oder zum Calypso-Kurs?" „Und, wenn wir an der großen Bauchplatscher-Bonanza teilnehmen, schaffen wir es dann noch pünktlich zum Cash-Price-Bingo?" Wirkliche Erholung verspricht da nur das Sonnenbad im Liegestuhl – 40 Meter über den Wellen und meilenweit entfernt vom Winter in heimischen Gefilden.

Spitzentops im Speisesaal, gerüschte Roben am Roulettetisch, Cocktailkleider in der Cigars Lounge – so leger es tagsüber an Bord auch zuging, mit Sonnenuntergang hat sich die „Adventure of the Seas" in einen schwimmenden Laufsteg verwandelt. „Cruise-Collection" nennen die US-Designer ihre sommerliche Galamode, die im Winter auf den Markt kommt und Amerikas Ladies während der kalten Jahreszeit mit den heißesten Outfits für die Kreuzfahrtsaison in der Karibik versorgt. Da hat Mann es schon sehr viel leichter: sollte er nicht über die nötige Abendgarderobe verfügen, gibt's immer noch einen bordeigenen Smokingverleih…

Auf ihrem Weg Richtung Norden hat die „Adventure of the Seas" rund 500 Seemeilen zurückgelegt. Keine große Entfernung und doch liegen Welten zwischen den ABC-Inseln und St. Maarten, dem nächsten Ziel der Reise. Der erste Eindruck: Grüner, gebirgiger, glamouröser. Eine Mischung aus Côte d'Azur und Klein-Amsterdam, karibischem Laissez-faire und europäischer Betriebsamkeit. Glaubt man der Legende, dann haben sich die Holländer und Franzosen das 88 Quadratkilometer umfassende Eiland ganz friedlich untereinander aufgeteilt. Um einen anstehenden Territorial-Krieg zu vermeiden, sollen sich die beiden Nationen im Jahre 1648 nämlich darauf geeinigt haben, vom selben Ort aus jeweils einen Läufer um die Insel zu schicken. Dort, wo sich die zwei wiedertrafen, wurde dann die Grenze gezogen. Dass der Verteter der Grande Nation mit 54 Quad-

Sonnenverwöhnt, dafür landschaftlich eher dürftig: Aruba, eine der drei ABC-Inseln im Karibischen Meer.

Per Wasserflugzeug geht es von St. Thomas nach Virgin Gorda.
Und per Cruiseliner zurück nach Puerto Rico. >

Leider haben die drei Gewinner der großen Bauchplatscher-Bonanza trotz Weitwinkel nicht aufs Bild gepasst. Aber, vielleicht war es auch besser so…

ratkilometern Landzuwachs als klarer Gewinner aus dem Rennen hervorging, schreibt man übrigens dem Ginkonsum seines holländischen Kollegen zu. Ob's stimmt, weiß heute keiner mehr ganz genau. Sicher ist jedoch, dass St. Martin bis heute das kleinste Fleckchen Erde ist, das gleichzeitig von zwei europäischen Nationen regiert wird.

Hauptstadt des holländischen Inselteils und Ankerplatz der „Adventure of the Seas" ist Philipsburg, ein lang gezogener Touristenort für leidenschaftliche Duty-Free-Shopper und ein idealer Ausgangspunkt für individuelle Inseltouren per Taxi oder Mietwagen. Der Weg aus der Stadt führt vorbei am Juliana-Airport, wo die landenden Maschinen scheinbar zum Greifen nahe über die Badenden hinwegdonnern, zur Maho-Bay, einem weiteren baulichen Sündenfall im Paradies: Grell erleuchtete Casinos, glitzernde Hotelfassaden, unterkühlte Fast-Food-Läden und eine highwayartige Hauptstraße kennzeichnen diesen wahrgewordenen Urlauberalbtraum nach US-Vorbild.

Da beweisen die Franzosen nur wenige Kilometer weiter hinter der grünen Grenze bereits sehr viel mehr Sinn für „Savoir-vivre": Marigot heißt ihr Inselhauptstädtchen, das mit seinen vielen kleinen Bistros und Cafés, den engen Gassen und dem alten Fort hoch über dem Meer an eine Mini-Version von St. Tropez erinnert. Schade nur, dass sich auch die Preise auf riviera-ähnlichem Niveau bewegen...

„Friday" steht auf jenem Stück Teppich im Aufzug, das jeweils um Mitternacht ausgetauscht wird, um die Gäste über den aktuellen Wochentag zu informieren. Und „Friday" bedeutet „Charlotte Amalie", Hauptstadt von St. Thomas und touristischer Mittelpunkt der US-Virgin Islands. Wie keine zweite Karibikdestination hat man sich hier ganz auf die Wünsche und Bedürfnisse von mehr als einer Million Kreuzfahrtpassagieren jährlich eingestellt: „Sie wollen Shoppen, aber der Weg vom Hafen in die Stadt ist soo weit?" – dann erwartet Sie direkt vor Ihrem Schiff die größte nur für Kreuzfahrer zugängliche Einkaufsarkade der Karibik. „Sie wollten Ihr Schiff schon immer einmal von oben sehen?" – dann führt gleich gegenüber vom Landungssteg eine Seilbahn hinauf zum Aussichtspunkt mit Souvenirshop....

Es sind nicht wenige Mitreisende, die auf St. Thomas zum ersten Mal seit Beginn der Reise die „Adventure of the Seas" verlassen. Die Häfen zuvor erschienen ihnen zu unsicher und zu fremd, zu sehr karibisch und zu wenig amerikanisch...

Hotelhochhäuser am puderzuckerfeinen Condado-Beach von Puerto Rico.

Letzte Nacht an Bord – letzte Chance, im las-vegastauglichen Casino seinen Einsatz zu machen oder im Theater eine broadwayreife Bühnenshow zu genießen. Dann heißt es Koffer packen, während draußen bereits die ersten Lichter Puerto Ricos am Horizont erkennbar werden.

Nur noch eine letzte lang gezogene Linkskurve, dann liegt San Juan vor dem Kabinenfenster. Doch kaum einer an Bord interessiert sich in diesem Moment für die Silhouette der Stadt.

Stattdessen lauter traurige „ooohs“ beim Anblick des mächtigen Kreuzfahrthafens, an dessen gläsernen Terminals mindestens ein Dutzend strahlendweiße Megaliner auf neue Passagiere warten…

Und der Blick von unserem schwimmenden Wolkenkratzer auf Curaçaos Hauptstadt Willemstad.

ZALDY
SECUMAR

WORLD DISCOVERER

HOLIDAY ON ICE

ABENTEUER ANTARKTIS: ES GIBT SIE NOCH, DIE LETZTEN „WEISSEN FLECKEN“ AUF DEN WELTKARTEN DER WEITGEREISTEN. WER SIE ENTDECKEN WILL, IST AN BORD EINES EXPEDITIONSSCHIFFES BESTENS AUFGEHOBEN.

Der beste Tipp in Sachen Seekrankheit: Nie die Nase in den Wind halten (wegen der Flecken).

Ushuaia – „die Bucht, die das Land bis zum Westen durchdringt". Yamana-Indianer gaben jenem fernen Flecken Feuerland einst seinen Namen. Dann kamen die Missionare. Und Jahrzehnte später die Expeditionsteams. Gemeinsam raubten sie dem Ort seine Magie, verwandelten ihn in den letzten Vorposten des Christentums und in das erste Etappenziel auf dem Weg ins ewige Eis.

Bis heute gilt die südlichste Stadt der Welt als das „Tor zur Antarktis", und kein einziger abenteuerlustiger Kreuzfahrer kommt an ihrem Hafenbecken vorbei.

Die World Discoverer im Hafen von Ushuaia, dem Ausgangspunkt jeder Antarktisreise.

World Discoverer

Ausbooten zum allerersten Landgang.

Wir schreiben den 15. Januar, einen sonnigen Hochsommertag mit Temperaturen um die 8°C. Unser Schiff, die World Discoverer, liegt längsseits am Pier, bereit in ein paar Stunden mit knapp 160 neuen Gästen in See zu stechen.

Doch bis es so weit ist, reicht die Zeit noch für eine Inspektion: „Schnittig, schmuck, stolz" fällt uns bei ihrem Anblick ein. So, oder so ähnlich, sehen auch die Mega-Yachten arabischer Ölscheichs aus: rund 100 Meter lang, sieben Decks hoch, mit großen Fenstern und diversen Balkonen ausgestattet. Dank ihrem tiefdunkelblauen Rumpf, dem kecken Zierstreifen und den strahlendweißen Aufbauten würde dieses Schiff auch im Mittelmeer jederzeit eine gute Figur machen.

Aber für den Einsatz in den klassischen Jetset-Gebieten ist die World Discoverer viel zu schade. Immerhin trägt sie die vom Londoner Lloyd's Register verliehene Lizenz zur „uneingeschränkten Passagierfahrt" – und die seltene Einteilung in die „Eisklasse 1a". Ein maritimes Adelsprädikat, das die meisten anderen Cruiseliner alt aussehen lässt und sie im direkten Vergleich zu kleinen Ausflugsbooten deklassiert...

Den nächsten Tag verbringen wir auf See, ständig damit beschäftigt die diversen Lektoren[1] kennen zu lernen, das korrekte Ein- und Aussteigen in die Schlauchboote zu üben und uns mit den Verhaltensregeln für künftige Landgänge vertraut zu machen. Denn die Antarktis ist kein Abenteuerspielplatz für reiche Reisende; und daher hat die IAATO, die Internationale Association der Antarktis-Tour-Operators, einen Katalog zum Schutz der Natur und zum richtigen Umgang mit den Lebewesen an Land verabschiedet.

Wie ernst man diese Vorgaben nimmt, beweist die Tatsache, dass die Teilnahme an dieser Einführungsveranstaltung ebenso obligatorisch ist wie die an der Seenotrettungsübung...

Später am Abend findet in der Discoverer-Lounge der „Willkommens-Cocktail" statt. Doch bei Windstärke zehn schmecken weder Champagner noch Canapés – und so geht dieser Tag für die meisten noch vor dem angekündigten Sonnenuntergang um 21.31 Uhr zu Ende. Als Spätfilm zeigt das Bordfernsehen heute „Fräulein Smillas Gespür für Schnee" – perfekt inszenierte Einstimmung auf kommende Wetterkapriolen oder doch nur prophylaktisches „Worst-Case-Szenario"? „Reiner Zufall. Genauso gut hätten wir auch „Titanic" zeigen können" erklärt uns die Rezeption und überlässt uns mit einem frechen Grinsen dem Schicksal und dem ständig stärker werdenden Schlingerkurs...

Dampfschiffenten hin und Einfarbuferwippern[2] her: Wir wollen Pinguine sehen! Da die Zollbehörden unser Schiff bereits gegen sieben Uhr freigegeben haben, steht der ersten Exkursion auf die Falkland-Inseln eine Stunde später nichts mehr im Wege.

1) Mitreisende Wissenschaftler oder Buchautoren, die in Vorträgen oder Lesungen über die Ziel- und ihre Fachgebiete berichten.
2) Zwei von zahlreichen antarktischen Vogelarten, von denen viele so komische Namen tragen.

„Und wann sind wir endlich da?"
Wenig Abwechslung auf dem Weg zu den Falklands.
Viel Platz für Langeweile auf Westpoint-Island >>

„Selber Pinguin!“ Herdentrieb und Watschelgang ähneln sich.
Fehlt eigentlich nur die weiße Weste...

Es ist ein buntes Trüppchen tapferer Seefahrer, das sich da am Leopard-Beach zur Landwanderung zusammengefunden hat: pensionierte Lehrer aus Deutschland, Hochzeitsreisende aus der Schweiz, amerikanische Unternehmer und jede Menge „Normalsterbliche" aus allen Teilen Europas und den USA, die sich das Geld für diese Reise über Jahre zusammengespart haben. Was uns alle an diesem Morgen verbindet, sind die feuerroten, vom Schiff zur Verfügung gestellten Ausflugsparkas und der Wunsch nach einer heißen Tasse Tee gegen die klirrende Kälte. Bis es so weit ist, sollen aber noch zwei lange Stunden Fußmarsch vergehen. Und unzählige fotobedingte Zwischenstopps.

Endlich! Im Windschutz der letzten Düne wackeln sie uns dann doch noch entgegen: Magellanpinguine – die Wänste voll und den Watschelgang in Richtung Bruthöhlen gerichtet. Gut versteckt und vor Raubvögeln geschützt warten dort schon die Kleinen auf ihre Portion frischen Frühstücks-Fisch. Um die Tiere bei der Nestpflege möglichst wenig zu stören, vereinbaren wir ab sofort Stillschweigen und einen gehörigen Sicherheitsabstand.

„Elend und trostlos. Ein wellenförmiges Land von ödem und traurigem Aussehen" – so beschrieb einst Charles Darwin jenes Gewirr aus 200 Inseln, die zusammen den Falkland-Archipel bilden. Keine Woche blieb der ansonsten so neugierige Naturforscher an Land. Dann ergriff er mit flatternden Segeln und wehenden Fahnen die Flucht.

Wie gut, dass es die McGills da schon ein bisschen länger auf ihrem ganz privaten Stück Falkland aushalten. Bereits in der dritten Generation widmet sich die Familie im Hauptberuf der Schafszucht – und verdient sich, seit Beginn des Antarktis-Tourismus, außerdem auch noch mit Nebenerwerbs-Teekochen, Teilzeit-Keksbacken und gelegentlichem Farm-Führen ein kleines Zubrot.

Die World Discoverer erreicht Stanley, die Hauptstadt der Falklands, am frühen Morgen und bei außergewöhnlich gutem Wetter. Kein einziges Regenwölkchen schwebt über der 2.500-Einwohner-„Metropole" und der umliegenden Moorlandschaft. Obwohl die Inseln keine 600 Kilometer von Argentinien entfernt sind, gab es nie Einwandererströme vom südamerikanischen Festland. Stattdessen waren es Schotten, Iren und Briten, die sich hier seit dem 18. Jahrhundert als Landwirte, Walfänger, Händler oder Militärs versuchten. Sollten sie jemals vorgehabt haben, sich von „good Old England" loszusagen, dann war mit solchen Gedanken am 2. April 1982 für immer Schluss. Während eines nächtlichen Blitzangriffs wurde Stanley damals nämlich von rund 1.000 argentinischen Soldaten eingenommen. Die kriegerische Rückeroberung durch Englands Truppen dauerte nicht weniger als elf Wochen und verwandelte die sonst eher unterkühlten Falkländer in glühende Anhänger des Commonwealth. Bis heute gibt es kaum einen Einheimischen über 30, der sich nicht ganz genau daran erinnert, wie er seinerzeit jene schicksalsvolle Nacht verbrachte. Und wer bei einem Bummel durch Stanleys Gässchen, Pubs und Krämerläden auf einen Älteren trifft, wird sich mit Sicherheit unaufgefor-

Stanley, die „Hauptstadt" der Falkland-Inseln.

Lieblingsplatz für Frostbeulen und Furchtsame: Die Observation-Lounge.
Faszinierend: Der erste Kontakt mit ewigem Eis. >

„Und wie wär' Eisbombe zum Dessert?"

dert anhören müssen, hinter welchem Busch in den folgenden Tagen der Krieg wütete und wer sich wann durch welche Heldentat auf ewig seinen Platz in der Falkland-Chronik verdiente.

Pünktlich zum „Five o'clock Tea" verlässt die World Discoverer den Hafen. Es dauert nicht lange, bis die letzten Lichter der Zivilisation endgültig hinter dem Horizont verschwunden sind. Vor uns liegen zwei Wochen Wasser und Wildnis, ein paar flaue Gefühle in der Magengegend sowie eisbergeweise Erwartungen und Eindrücke.

„Glattwale in Sicht!" Die aufgeregte Lautsprecherdurchsage von der Brücke lockt fast alle Passagiere an Deck. So gut es geht, versucht Kapitän Oliver Krüß den mächtigen Meeressäugern zu folgen und das Schiff dabei in eine optimale Fotoposition zu bringen. Seit knapp 24 Stunden durchqueren wir nun schon die Scotia-Sea und außer ein paar Albatrossen haben wir bis dahin kein einziges nennenswertes Naturerlebnis zu vermelden. Doch dafür entschädigt jetzt der Anblick mächtiger Schwanzflossen und meterhoher Wasserfontänen umso mehr. Irgendwann am Abend meldet der wachhabende Offizier den ersten Eisberg auf dem Radar. Im Spätprogramm des Bordfernsehens läuft derweil „Broken Vessels", ein amerikanischer Streifen, der sich komisch-korrekt wohl am besten mit „Zerbrochene Schiffe" übersetzen lässt.

Über Nacht hat der Wind so stark aufgefrischt, dass die geplante Morgen-Anlandung in der Bucht vor Salisbury Plain aus Sicherheitsgründen abgesagt werden muss. Doch selbst mit dem bloßen Auge – und erst recht mit den Ferngläsern der Mitreisenden – ist an Land die größte Königspinguin-Kolonie Südgeorgiens auszumachen. Rund 100.000 Brutpaare sind hier beheimatet und den ganzen Sommer über mit der Aufzucht ihrer Küken beschäftigt. Von weitem erinnert die Szene an eine Mischung aus Bienenstock und Ameisenhaufen – ein ständiges Umhergewusel mit eigener Logik und ausgeklügelter Logistik.

Gut, dass es da nur ein paar Stunden später in der Bucht von Grytviken schon sehr viel ruhiger zugeht und auch dem Zodiac-Transfer an Land weder Wind noch Wellen im Wege stehen.

Ein paar sturmschiefe Hütten, die Überreste einer Kirche – mehr erinnert heute nicht mehr daran, dass hier einst die erste Walfangstation Südgeorgiens stand. 61 Jahre lang war Grytviken in Betrieb, dann kam das Aus und der seit 1965 währende Verfall. Dass die Geisterstation trotzdem auf dem Programm jedes Expeditions-Schiffes steht und sogar über ein eigenes Museum samt Shop verfügt, verdankt sie wohl hauptsächlich ihrem Friedhof – und Sir Ernest Henry Shackleton, der hier seine letzte Ruhe fand.

Zu Ehren des großen Entdeckers findet Kapitän Krüß ein paar warme Worte am eisigen Grab, bevor er unserer kleinen Trauergemeinde ein tröstendes Gläschen Sherry servieren lässt.

Vielleicht liegt es am Alkohol, vielleicht am langen Atem der Geschichte. Auf jeden Fall erscheint Shackletons Geist an diesem Ort noch immer sehr präsent. Und es bedarf nicht sonderlich

Ein Toast an Shackletons Grab und ein Tusch beim Anblick des ersten Glattwals dieser Reise.

ENDURANCE

Almirante-Brown, Argentiniens Außenposten in der Antarktis.
< Wie Feuer und gefrorenes Wasser: Mächtige Eisberge auf der antarktischen Halbinsel und warme Vulkanfelder auf Deception-Island.

vieler Fantasie, um sich jenen 5. Dezember 1914 vorzustellen, an dem der legendäre Draufgänger mit einer 27-köpfigen Besatzung von hier aus in Richtung Südpol in See stach. Mehr als 3.200 Kilometer will er zurücklegen, den arktischen Kontinent in seiner ganzen Breite durchqueren und damit einen neuen Rekord aufstellen. Doch es dauert nicht lange und Shackletons Schiff, die „Endurance" wird im Weddell-Meer von Packeis eingeschlossen. Mehr als neun Monate treibt das Team in seinem frostigen Gefängnis umher. Dann zerdrücken mächtige Eisschollen die Bordwand und die „Endurance" versinkt auf ewig. Nur mit ein paar Rettungsbooten erreicht die Expedition schließlich einen winzigen Küstenstreifen auf der Elefanten-Insel.

Festland, aber immer noch kein Grund zur Freude, denn die Aussichten, hier jemals gefunden zu werden, sind gleich Null. Gezeichnet von Kälte, Unterernährung und Krankheit macht sich Shackleton noch einmal mit seiner Nussschale auf den Weg. Sein Ziel: das 650 Seemeilen entfernte Südgeorgien. Völlig entkräftet erreicht er die Insel und überquert in einem 36-stündigen Gewaltmarsch auch noch das mächtige Gletscherlabyrinth, das seinen Landungspunkt von der rettenden Walfangstation trennt.

635 Tage nach Beginn der Odysee werden auch die letzten Seemänner auf der Elefanten-Insel lebend gerettet. Shackleton mutiert zum tragischen Helden: an seinem eigentlichen Forschungsziel gescheitert, doch als Lebensretter auf ewig gefeiert.

Später am Abend haben wir die Mitarbeiter einer benachbarten Forschungsstation zu Gast an Bord. Ein ganzes Jahr lang kümmern sich drei Wissenschaftler und fünf Techniker hier um die Beobachtung der Fischereischiffe vor Südgeorgien und um die Erforschung der heimischen Flora und Fauna. Ein harter Job, der während des gemeinsamen Dinner-Talks von Gang zu Gang an Dramatik und Entbehrung zunimmt. Aber warum sollen nur Matrosen Seemannsgarn spinnen dürfen? Abenteurer gibt es schließlich auch an Land und bei guten Geschichten geht es ohnehin nur selten um die Glaubwürdigkeit…

Bräsige Pelzrobben, balzende Wanderalbatrosse und, als Besonderheit, sogar ein paar braungraue Rentiere – Prion Island, St. Andrews Bay und Gold Harbour übertreffen selbst unsere kühnsten Träume vom südgeorgischen Freilichtzoo. Doch während Mensch und Tier ansonsten durch Gitter voneinander getrennt sind, müssen wir hier bei

Zum friedlichen Abschuss freigegeben.

jedem Schritt darauf achten keine Robbenbullen im Gras zu übersehen oder ihren wuseligen Welpen nicht zu nahe zu kommen. Und auch die Begegnung mit unserer ersten Albatrossfamilie haben wir uns sehr viel weniger spektakulär vorgestellt. Denn bei Spannweiten von bis zu vier Metern kann der erste Flugversuch des Nachwuchses schnell zum Himmelfahrtskommando werden und auch so manchen Beobachter zur ungewollten Bauchlandung zwingen.

Gott sei Dank geht es bei Pinguins, nur ein paar hundert Meter weiter, schon sehr viel ungefährlicher zu: Paaren, schnattern, füttern sind hier

Zoo ohne Zaun, dafür jedoch mit jeder Menge Rückzugsmöglichkeiten auf vorbeitreibende Eisschollen.

angesagt und wenn die Zeit dazwischen reicht, kommt Papa Pinguin auch gerne mal zum Kurzbesuch herüber, um ganz unbefangen die Beschaffenheit unserer Schuhspitzen zu testen. Ansonsten hat er mit dem eigenen Nachwuchs jedoch alle Flügel voll zu tun. Die Kleinen „mausern" sich nämlich gerade, tragen die Reste ihres Babykleids plötzlich als wilde Punkerfrisuren und scheinen auch sonst nur Dummheiten im Kopf zu haben. Pinguine in der Pubertät – das findet auch der benachbarte Seeelefanten-Clan einfach nur zum Brüllen!

Im Bord-TV sorgen wenig später übrigens die „Meisterschwimmer im Frack" für Rekordeinschaltquoten und für das gute Gefühl die Schwarz-Weiß-Fraktion künftig nicht mehr nur vom Farbfernsehen her zu kennen.

Unseren Abschied von Südgeorgien verschönert der Anblick eines kalbenden Gletschers, der sich parallel zum Schiff in den Drygalski-Fjord gedrängt hat und nun unter anstrengendem Ächzen die bizarrsten Formen gebärt.

Vorüberziehende Eisberge bestimmen auch den nächsten Seetag. Manche von ihnen sehen aus wie abgebrochene Weisheitszähne, andere erinnern an schwimmende Mega-Muffins oder an Mini-Versionen bekannter Alpenmassive. Einem kommen wir auf unserem Weg so nahe, dass er der Brücke eine eigene Durchsage wert ist. Von Deck aus bewundern wir seine verschiedensten Blauschattierungen und beobachten dabei auch einen Schwarm gut gelaunter Zügelpinguine, die einen niedrigen Eisvorsprung zum Sprungbrett umfunktioniert haben.

Point Wild, die Elefanten-Insel: 104 Tage hielten es Shackletons Männer hier aus. Der einzige Schutz: ein umgestülptes Rettungsboot. Die einzige Nahrungsquelle: Seerobben und Pinguine. Der einzige Zeitvertreib: das Entwickeln von Überlebensstrategien und der Versand von verzweifelten Stoßgebeten.

Es passt zu diesem Ort, dass ein Anlegen auf der kleinen Landzunge heute unmöglich ist. Schneestürme versperren die Sicht und die Dünung macht das Zuwasserlassen der Zodiacs unmöglich. Wie man hier überleben konnte? Wir wissen es nicht und flüchten bereits nach wenigen Minuten an Deck hinunter in die wohlige Wärme unserer Kabinen.

Ein weiterer Tag auf See, unterbrochen durch einen kurzen Abstecher auf eine karge Vulkaninsel, dann haben wir endlich den sechsten Kontinent erreicht! Zum ersten Highlight an Land avanciert das Bad im antarktischen Wasser. Nur wenige Zentime-

*Erfordert höchste Konzentration und einen kühlen Kapitänskopf:
Die Passage des Lemaire-Kanals.*

Landgang ausgeschlossen: An einigen Stellen hat selbst die bordeigene Zodiac-Flotte keine Chance.

ter unter der Oberfläche der Insel Deception ist der Sand durch unterirdische Vulkanventile nämlich so stark aufgeheizt, dass selbst das Meer erträgliche Temperaturen erreicht. Eine Tatsache, die vorauseilende Besatzungsmitglieder zum Bau einer „Badewanne" inspirierte und die Wagemutigsten unter den Passagieren zum kurzen Abtauchen verleitet. Der Lohn für so viel Tollkühnheit: die feierliche und durch eine Urkunde bestätigte Aufnahme in den „Antarktis-Schwimmclub".

Am nächsten Morgen ankert die World Discoverer vor der argentinischen Forschungsstation „Almirante Brown". Bis zur völligen Zerstörung im Jahre 1984 galt der Komplex als der schönste in der gesamten Antarktis. Doch dann teilte man dem Stationsarzt mit, dass er nach vier Jahren vor Ort, weitere 365 Tage im ewigen Eis verbringen müsse. Ob er sich daraufhin nur ein paar warme Gedanken machen wollte oder sich bereits im Fegefeuer wähnte, weiß heute keiner mehr so genau. Sicher ist jedoch, dass der Doktor noch in derselben Nacht zum Brandstifter wurde und „Almirante Brown" in Flammen aufgehen ließ. Die neue, sehr viel bescheidenere Station ist zur Zeit unseres Besuches leider unbewohnt und so stehen wir hier vor verschlossenen (feuerfesten) Türen.

Da haben wir wenig später in „Port Lockroy" schon sehr viel mehr Glück: Die britische Station wurde zwar bereits 1967 verlassen, 1998 aber wieder als Museum aufgebaut. Heute arbeiten hier zwei Mitarbeiter des „British Antarctic Survey". Ihr Hauptbetätigungsfeld: der Unterhalt des kleinen Postamtes und der Verkauf von Souvenirs.

65° 10' südliche Breite – noch weiter werden wir uns auf dieser Reise nicht mehr vom Rest der Welt wegbewegen. Unser Ankerplatz vor der Petermann-Insel ist umgeben von zahllosen, in der Sonne funkelnden Eisbergen und den steil aus dem Meer ragenden Felsen des Lemaire-Kanals. Knapp zwei Stunden verbringen wir an Land – ausreichend Zeit für das tausendste Pinguinfoto und den ersten Kontakt mit einer am Strand schlafenden Weddellrobbe.

Dann heißt es Abschied nehmen von der antarktischen Halbinsel. Auf Nordkurs geht es durch die Drake-Passage zurück Richtung Südamerika. Noch einmal haben wir die Gelegenheit, unseren Lektoren Löcher in den Bauch zu fragen oder uns erklären zu lassen, was es mit „Palaeomagnetismus" und „Kalium-Argon-Datierung" so auf sich hat.

„Hey, endlich mal wieder Besucher!" Die World Discoverer auf Reede vor einer Pinguinkolonie.

Gegen Mittag des zweiten Seetages kommt Kap Hoorn in Sicht. Ein seltsam unspektakulärer Fels, der es aufgrund seiner einzigartigen Lage am Schnittpunkt zweier Ozeane zu sagenhafter Popularität gebracht hat.

Die letzte Nacht an Bord. Zum letzten Mal schlendern wir über die Decks, genießen das große Farewell-Dinner im Marco-Polo-Restaurant und den allabendlichen Whisky on the Rocks in der Lido Lounge. Der heutige Spätfilm? „Eine wie keine" – passt irgendwie zu dieser Reise. Und zu unserem Schiff, der „World Discoverer".

Natur mit Sogeffekt: Anblicke, denen sich kein Passagier entziehen kann.

SONY

ROYAL CLIPPER

FÜNF MASTEN UND EIN LAUES LÜFTCHEN

WAS FÜR EINE WINDSBRAUT! WENN DIE WELTGRÖSSTE SEGELYACHT VOR ITALIENS SCHÖNER SÜDWEST-KÜSTE AUFKREUZT, GERATEN NICHT NUR DIE CAPRIFISCHER INS SCHWÄRMEN...

Neugierig? „Dio, no!" Wie käme man denn bloß auf solch einen Gedanken? Schließlich hätte man ja selbst so einiges zu bieten und überhaupt würde man hier – si, si, justamente an dieser Stelle – am allerliebsten kreuzen. Alora, aber wirklich…! Seit den frühen Mittagsstunden liegen wir vor Ponza und werden unseres ersten Sonnenbades nicht froh. Denn statt des angekündigten Ruhetags auf Reede nerven röhrende Motoren, plärrende Bambini und laut gegen die Bordwand klatschende Wellen. Egal ob bullige Megayacht, pfeilschnelles Speedboat, knallbunter Zodiac oder tapferer Jetski – es scheint, als hätte sich alles, was auf dieser Insel schwimmen kann und dabei möglichst viel Krach erzeugt, zum ebenso ausgelassenen wie eindeutig zu nahen Umrunden jenes Stückchens Wasser verabredet, auf dem unser Schiff vor Anker liegt.

Und das natürlich nur „rein zufällig", denn welcher stolze Römer würde schon zugeben, dass unsere fünf Masten oder 134 Meter Gesamtlänge sein Interesse geweckt hätten!

Darf in keinem Fotoalbum fehlen: Ein Foto vom hochglanzpolierten Steuerrad.

Die Royal Clipper ist ein Nachbau der legendären „Preußen", die von 1902 bis 1910 auf den Weltmeeren unterwegs war.

Willkommen auf Ponza, der Lieblingsinsel der italienischen Hauptstadt-High-Society, jenem privilegierten Fleckchen Land mitten im Tyrrhenischen Meer, wo „bella figura" machen Bürgerpflicht ist und hoffnungslos-neidvolle Blicke ohnehin auf ewig hinter pechschwarzen Gucci-Sonnenbrillen verborgen bleiben...

Es ist Tag Eins unserer Kreuzfahrt auf der Royal Clipper, dem größten Windjammer der Welt, und an das Interesse, das so ein segelnder Superlativ erregt, müssen wir uns wohl erst noch gewöhnen. Obwohl, einige Mitreisende scheinen die Aufmerksamkeit durchaus zu genießen: mit zu Trichtern geformten Händen kommunizieren sie über Relinggrenzen und Sprachbarrieren hinweg mit den „Boat-People" von gegenüber: Si, si, si – die Yacht des anderen sei tatsächlich ein Traum. Und no, no, no – hier an Bord der Royal Clipper würde man nicht in Mannschaftsunterkünften logieren, sondern in edelholzvertäfelten und messingbeschlagenen Doppelkabinen, manche davon sogar mit eigenem Balkon oder Rund-um-die-Uhr-Butlerservice!

Wie ein wendiger Wasserfloh bahnt sich unser Tenderboot wenig später seinen Weg an Land – weicht hier einer wild gewordenen Tragflügelfähre aus, hüpft da über eine gischtgekrönte Bugwelle und dreht beim Anblick des voll besetzten Landungsstegs noch schnell eine gewagte Pirouette. „Wie beim Wasserballett", findet Cornelius, Seefahrer mit Heimathafen Stuttgart und trotz seiner tümmlerjungen 17 Lenze bereits auf allen Luxuslinern und Weltmeeren unterwegs gewesen. Zusammen mit seiner Mutter bewohnt er auf dieser Reise die Eigner-Suite mit Salon, zwei Marmorbädern und Bullaugen in beinah alle Himmelsrichtungen – „echt cool und eigentlich viel zu schade zum Verlassen, aber ab und zu ist so ein kurzer Landgang schon o.k."

Doch noch tanzt unser Tender durch das Hafenbecken und wir genießen den Blick von unserer Seebühne auf Ponza Stadt, das sich so wie ein antikes Amphitheater in halbrunden Stufen über die Bucht erhebt. Ein paar kleine Boutiquen, verschlafene Pensionen und nach gegrilltem Fisch duftende Ristoranti: Ponza ist kein Platz für partybegeisterte Pauschaltouristen, sondern ein Refugium für Roms ruhesuchende Oberschicht. Wer hierher kommt, hat Geld, sein Haus in den Hügeln oder eine Yacht im Hafen.

„18:00 h: Segel hoch in Richtung Sorrento!" verkündet das Bordprogramm. Wir stehen auf dem Sun Deck, haben Vangelis' „Conquest of Paradise" über Bordlautsprecher im Ohr und einen Prosecco mit frisch püriertem Pfirsichmark in der Hand. Im letzten Licht der Sonne färben sich Ponzas graugelbe Tufffelsen plötzlich purpurviolett – dann verschwinden sie am Horizont hinter tief hängendem Wolkenweiß und aufsteigendem Sommerabenddunst.

„Sag mal, findest du das jetzt nicht ein bisschen allzu kitschig?" fragen Cornelius und der Fotograf am nächsten Morgen unisono, als unsereins im Angesicht der ersten Amalfi-Küstenausläufer aus Goethes „Italienischer Reise" zitiert, leise seinen Parsifal summt und – zu allem Übel – auch noch

Und hinter jeder Kurve eine neue Traumaussicht: Die Amalfiküste.

Segel, so weit das Auge reicht – auf fünf Masten und 5.000 Quadratmetern Fläche.

Zeitreise: Das Ambiente an Bord orientiert sich an den großen Segelschiffen der Jahrhundertwende.

Schöne Aussichten für Taucher und Fotograf: Der gläserne Pool, drei Decks über dem Speisesaal.

Einfach einzigartig: Das Atrium der Royal Clipper.

von Kaiserin Sissis süditalienischen Genesungsbestrebungen erzählt. „Dann eben nicht“, geben wir beleidigt zur Antwort und treten im Schatten von 5.000 Quadratmetern geblähter Segelfläche den Rückzug an. „Kulturbanausen!“ denken wir und danken dabei unserem Halbwissen für ein paar Stunden Aufmerksamkeit im Deutsch-Unterricht, einer langweiligen Wagner-Biografie, die zumindest zu berichten wusste, dass der Meister sich einst hier inspirieren ließ, und nicht zuletzt der allweihnachtlichen Fernseh-Wiederholung der „Schicksalsjahre einer Kaiserin“ – die eben an jenem hübschen Küstenstreifen abgedreht wurden.

Per Pendelbus geht es von Sorrentos Hafen nach Pompeji, das knapp 2.000 Jahre nach Ausbruch des Vesuvs noch immer nicht zur Gänze aus seinem steinernen Grab befreit wurde. Glühende Asche und giftige Vulkandämpfe machten jeden Fluchtversuch damals unmöglich. Innerhalb weniger Stunden erstickten tausende Pompejer. Ihre im Todeskampf zusammengekauerten Körper wurden von einer sechs Meter hohen Staubschicht konserviert und sind bis heute ein seltsam lebendiges Relikt jenes 24. August im Jahre 79 nach Christus. Viel haben wir im Vorfeld von dieser legendären Stadt gehört und gesehen. Doch weder Geschichtslehrer noch Hollywood-Schinken vermochten es, uns diesen kalten Schauer des Konkreten über den Rücken zu jagen. Wir wandeln auf historischen Pfaden, bestaunen die Überreste monumentaler Markthallen und großkotziger Patriziervillen, die ersten überlieferten Graffiti und die Archetypen moderner Klimaanlagensysteme. Vor Modestos Bäckerei erzählt der Tour-Guide, dass hier während einer Ausgrabung im 18. Jahrhundert noch verkohlte Brotlaibe gefunden wurden, und nur wenige hundert Meter weiter, in Pompejis „Rotlichtbezirk“, verweisen er und einige seltsam anmutende Haken und Nischen in einer Bordellwand auf die lustvollen Vorlieben der alten Römer…

„Pompeji, das ist Historie pur und trotzdem auch das pralle Leben. Ein Freiluftmuseum, wie es das Leben mit Unikaten füllt und der Tod zur Attraktion erklärt“, befinden wir ein bisschen später (und sehr viel weniger druckreif) auf Sorrentos zentraler Piazza. Bis zum Ablegen sind es noch zweieinhalb Stunden. Genügend Zeit für einen schnellen Espresso und einen ausgedehnten Abstecher in die Via S. Cesareo Numero 83. Seit Generationen entstehen hier in einer winzigen Werkstatt handgenähte Sandalen und hippe Flip-Flops für wenig Geld. Kaum ein Promi, dessen „Gracie“-Note nicht an der Wand hinge und auch wir sind voll des Dankes, als wir in jenen pantoffelweichen Ledertretern den Laden verlassen, die selbst Signore Agnellis Bleifuss schmückten und von Sophia Loren zu den Must-Haves des Amalfisommers erklärt wurden.

„Alora Jungs, hab's ja verstanden: auf Kitsch könnt ihr nicht. Aber nennt mir ein einziges unsentimentales Adjektiv für so einen Sonnenuntergang!“ „Hm, wie wär's denn mit campariorange?“ sagt Cornelius, nimmt noch einen Schluck und verschwindet dann in Richtung Kabine. Wir kreuzen vor Capri, haben die Marina Grande schon im Blickfeld

Trotz weißer Tischdecke für viele ein rotes Tuch: Die Buffets der Bordküche. Masse ist nicht immer Klasse.

„All hands on deck“: Ob großes Klettermanöver oder kleine Knotenkunde – an Deck ist immer etwas los.
< Aufkreuzen vor den schönsten Inseln und Küstenstreifen Italiens.

Mega(phon)wichtig: Der Cruise-Director beim multilingualen Morgenappell.
Posieren und plappern: An Bord hat jeder seine Aufgabe –
selbst der Papagei.

und den Kopf bereits voller Pläne: Ein Aperitif auf der Terrasse des Grand Hotels Quisisana, Dinner im „Da Gemma" und danach noch schnell zu „Prada und Carthusia", der inseleigenen Parfummanufaktur, in der nach jahrhundertealten Geheimmixturen erlesene Colognes und die weltbesten Duftkerzen entstehen.

Sollte danach noch Zeit bleiben und unser Abend-Outfit nicht gelitten haben, könnten wir auf der Piazetta ein letztes Gelato unter lauter stolzen Gecken lecken und schließlich mit Capris in den Steilhang gehauenem Seilbähnchen Richtung Hafen und Tenderboot entschweben.

Grotta Azzurra? Via Krupp? Oder die Giardini di Augusto? Che porqua miseria – was für eine Tragödie, aber heute haben wir einfach keine Zeit mehr. Doch keine Angst: wir kommen wieder – so wie Odysseus, Tiberius, die Bardot und Onassis vor uns...

Zurück auf der Royal Clipper hat die Küchencrew inzwischen den Mitternachtsimbiss aufgebaut: Bulettenbällchen mit Senf! Und das nach frittierten Zucchiniblüten, frischer Pesto-Pasta und dem zartesten Rosmarinzicklein, das nördlich von Sizilien je ins Gras biss... Nein, mit den Künsten italienischer Küchenchefs kann es unser asiatischer Chief nun wirklich nicht aufnehmen. Was auch immer er uns während der einwöchigen Kreuzfahrt serviert – es schmeckt entweder völlig gleich und absolut austauschbar, oder es schmeckt gar nicht...

Doch warum sich an Bord den Magen verrenken, wenn am nächsten Tag bereits Amalfi und seine unzähligen kleinen Küstenlokale warten? Zu den Spezialitäten des Ortes gehört der Limoncello, ein bittersüßer Zitronenlikör, den man entweder pur, on the rocks oder über jede Art von Dessert geträufelt genießt. Was es sonst noch zu entdecken gibt? Ein Dörfchen mit labyrinthartigem Gassenwerk, Innenhöfen und Treppen sowie die Strada Statale 163. Am besten lässt sich diese Traumstraße mit einer gemieteten Vespa entdecken. Schließlich ist die einzige befahrbare Verbindung entlang der Küste an einigen Stellen so eng, dass selbst zwei Pkws nur mit eingeklappten Seitenspiegeln aneinander vorbeikommen...

Es ist ein tapferes Häufchen schlaftrunkener Mitsegler, das sich am nächsten Morgen gegen 6.30 Uhr auf dem Sun-Deck versammelt. Wir passieren die Straße von Messina, blinzeln backbords unter die Sohle des italienischen Stiefels und staunen steuerbords über Siziliens hohe Hügelketten.

Lunch leger: Bei so viel Sonne satt darf auch an Deck gespeist werden.

Obwohl wir den Blick kaum lösen wollen von so viel Landschaft im Vorbeifluss, erregt ein ebenso unerwarteter wie heller Aufschrei unsere Aufmerksamkeit: „Schaut nur, sie holen das Untermarssegel dicht!" kreischt eine Stimme mit norddeutschem Akzent und aufgesetzt maritimer Wortwahl. Doch wohin wir auch schauen – unter den 42 munter im Wind flatternden Leintüchern jenes „Untermarssegel" zu finden, erscheint uns ebenso unmöglich wie beispielsweise das „Knarren der Gaffel" zu hören oder „das Brassen der Rahen" mit dem dazu notwendigen Sinnesorgan wahrzunehmen.

Doch das Leben ist gerecht und Rache so salzig wie der eigene Schweiß beim Mastklettern. Denn während wir beim spätvormittäglichen Kraxelmanöver wie die Meerkätzchen gen Himmel streben, wirft unser eben noch so herablassend dreinschauender Hobbykapitän bereits nach der dritten „Verknotung" (die eigentlich auch einen sehr viel seemännischeren Rufnamen besitzt, aber egal...) die Flinte ins Korn oder besser gesagt, das vor lauter Angst durchtranspirierte Frotteehandtuch ins Wasser...

Ewiges Eis auf dem Ätna und sattgrüne Orangenhaine rund um Taormina, hektische Betriebsamkeit im Hafen von Catania und himmlische Ruhe am Strand von Giardini Naxos: Sizilien bietet hektarweise Highlights und erschließt sich in seiner ganzen Pracht dennoch nur demjenigen, der es gelernt hat, trotz lauter Paukenschläge auch leise Zwischentöne wahrzunehmen. Kein Wunder also, dass selbst beim abendlichen Auftritt einer bekannten lokalen Folkloregruppe an Bord die Meinungen in zwei ganz konträre Richtungen gehen: „Beindruckend" fanden es die einen, „langweilig" die anderen. Nur „nett" fand es keiner...

Gegen Mitternacht verlassen wir Sizilien und nehmen erneut Kurs auf die Straße von Messina. Doch während wir heute morgen beinah allein an Deck standen, herrscht jetzt Hochbetrieb. Süditaliens Wetterfeen meinen es gut mit uns Feierwütigen und so wird unser allabendliches Open-Air-Programm heute noch um die beiden Punkte „Tanzen unterm Sternenhimmel" und „Smalltalk am Poolrand" ergänzt.

Ein sanftes Zittern, dann schwebt die hydraulisch gesteuerte Badeplattform in der Horizontalen – knapp über dem Meer und tief unter dem Heck der Royal Clipper. Wir ankern vor Lipari, haben die Insel im Blick und das umfangreiche Wassersportangebot vor Augen: Schnorcheln, Tauchen, Surfen, Wasserski, Bananaboatfahren oder doch lieber mit den bordeigenen Minijollen dilettantische Segelkenntnisse beweisen? „You name it, we have it", lautet das Motto und wer sich davon überzeugen will, wäre tatsächlich einen ganzen Tag lang im Freizeitstress. Da wir uns aber inzwischen längst an die Vorzüge des „Dolcefarniente" gewöhnt haben, entscheiden wir uns stattdessen für einen kurzen Sprung ins glasklare Wasser und für ein langes Sonnenbad auf den warmen Holzplanken.

„Keine Lust auf Landgang heute?", fragt Cornelius so um die Mittagszeit und schwärmt von Pizza auf der Piazza und von einer Siesta im Schatten duftender Bougainvilleen. Wie gut, dass man im Paradies nur Shirt und Shorts braucht, folglich fünf Minuten später fertig angezogen ist und keine Viertelstunde danach bereits per Tender in Richtung Insel tuckert. Es ist der vorletzte Tag der Reise und die letzte Möglichkeit, Italien pur zu genießen. Wie Schiffbrüchige, die nach Monaten auf dem Meer endlich wieder unter Menschen kommen, stürzen wir uns ins Gewühl von Liparis engen Gässchen, kaufen tonnenweise Alimentari, um daheim unseren Hunger nach dem Süden stillen zu können und versuchen den Geruch des wilden Jasmins ebenso auf ewig in unser Gedächtnis aufzunehmen wie die Ansicht der quer über die Straßen gespannten Wäscheleinen oder das Zischen der Kaffeemaschinen in den kleinen Hafenbars.

Später am Abend passieren wir auf unserem Weg Richtung Norden die Insel Stromboli mit ihrem weithin sichtbaren Vulkan. Obwohl der Sicherheitsabstand für Schiffe einen knappen Kilometer beträgt, riecht die Luft an Deck plötzlich nach Schwefel und faulen Eiern. Doch so sehr uns der Allzeitaktive auch entgegenstinkt, vertreiben kann er uns nicht. Denn was sich da gerade vor unseren Augen abspielt, gehört zu den faszinierendsten und schönsten Naturschauspielen überhaupt: vom Gipfel des Vulkans ergießt sich ein nicht enden wollender Lavastrom Richtung Meer. Rotglühend bahnt er sich seinen Weg über den pechschwarzen Hügel. Auf seinem Weg reißt er Felsbrocken los, lässt sie rumpelnd gen Tal rasen und mit einem lauten Knall im Meer versinken.

Wir Menschen haben die Natur im Griff? Erzählen Sie's dem Stromboli, er wird es garantiert zum Spucken lustig finden...

Der letzte Tag auf See und endlich Gelegenheit, die wahre Schönheit und den ganzen Luxus unseres Schiffes zu würdigen. Stundenlang könnten wir in den butterweichen Ledersofas der Bibliothek versinken oder den spielenden Sonnenstrahlen im Speisesaal zuschauen. Sie resultieren aus einem Swimming-Pool mit gläsernem Boden, der zwei Decks über uns als spektakuläres Oberlicht fungiert. Wir könnten aber auch der Einladung unseres Kapitäns auf die für alle Passagiere offene Brücke folgen und uns von ihm ein bisschen Seemannsgarn spinnen lassen. Oder sollten wir mit dem Chefingenieur den Maschinenraum erkunden, die hohe Kunst der Knotenkunde erlernen oder dem Bordpapagei neue Schandwörter beibringen?

Einfach nur abhängen.
Oder vielleicht doch per Tender an Land?

Kein Grund zum Jammern: Fast alle Matrosen dienten früher bei Russlands Marine.

„What about a Thai-Massage?" fragt die gute Göttin des Bord-Spas und entführt uns in die „Captain Nemo Lounge" – ihr ganz persönliches Reich tief unter der Meeresoberfläche. Durch mächtige Bullaugen lässt sich von der Massageliege aus das Treiben in tiefer See beobachten.

Und während draußen gerade ein Schwarm Sardinen vorbeizieht, wissen wir endlich, was es heißt, sich so wohl zu fühlen wie ein Fisch im Wasser.

T(r)au keinem, dessen seltsamen Namen du nicht kennst und dessen sonderbare Funktion dir ohnehin auf ewig verborgen bleiben wird.

DEUTSCHLAND

Baujahr: 1998, Länge: 175 m, Breite: 23 m
Passagierkapazität: 520, Crew: 280
Außen- und Innenkabinen: 224/70

Einsatzgebiet: Weltweit (auch Weltreisen im Programm)
Hauptklientel: Überwiegend älteres, deutschsprachiges Publikum. Während der Dreharbeiten zu neuen „Traumschiff"-Folgen sind aber auch jüngere Serienfans dabei. Die vielen Wiederholer schätzen vor allem die familiäre Atmosphäre an Bord.
Kleiderordnung: Tagsüber leger. Wer will kann am Außengrill sogar im Strandgewand speisen. Für die Abende an Bord sollten Sie jedoch mindestens ein elegantes Fest-Outfit dabei haben.
Sonstiges: Ob man's nun mag oder nicht: das jugendstilinspirierte Interior ist auf jeden Fall sehenswert und macht die „Deutschland" einzigartig. Darüber hinaus ist das Schiff aber auch bekannt für seine ausgefallenen und inzwischen mehrfach preisgekrönten Routings! Was uns an der „Deutschland" besonders gefiel, war die entspannte Atmosphäre und der ausgezeichnete Service. Ein weiteres Plus: das Hallenbad für Reisen in kühlere Gefilde!
Einzige Enttäuschung: Trotz mehrfacher Versuche ist es uns während der gesamten dreiwöchigen Kreuzfahrt nicht einmal gelungen, im Feinschmecker-Restaurant „Vierjahreszeiten" einen akzeptablen Tisch zu ergattern. Die Begründung: wenn es die Passagierzahlen erlauben, wird im Speisesaal „Berlin" nur eine Sitzung angeboten und für dann noch überzählige Reisende eben im edleren A la Carte-Restaurant reserviert…

Infos & Buchung: **Reederei Peter Deilmann**
Am Holm 25, D-23730 Neustadt in Holstein
Tel. +49-4561-39 60, Fax +49-4561-82 07
www.deilmann-kreuzfahrten.de

QUEEN ELIZABETH 2

Baujahr: 1969, Länge: 293,50 m, Breite: 32 m
Passagierkapazität: 1.778, Crew: 1.003
Außen- und Innenkabinen: 679/325

Einsatzgebiet: Weltweit (im Januar 2004 wird die „QE2" auf der Transatlantikroute von ihrer Nachfolgerin, der „Queen Mary 2", abgelöst. Danach wird die „good old Lizzy" nur noch als klassischer Cruise-Liner eingesetzt).
Hauptklientel: internationales Kreuzfahrerpublikum mit viel Sinn für Tradition, rauschende Ballnächte und britische Etikette.
Kleiderordnung: Abendkleid und Smoking/schwarzer Anzug sollten in Ihrem Koffer auf keinen Fall fehlen. An „normalen" Abenden reichen Kostüm/Hosenanzug und Sakko mit Hemd sowie Krawatte. Tagsüber geht es leger zu.
Sonstiges: Obwohl sich die „Klassen-Gesellschaft" an Bord nur noch im Speisesaal bemerkbar machen sollte, ist sie in Form unzähliger Treppenhäuser und toter Gänge auch auf dem Rest des Schiffes bis heute spürbar. In Sachen Komfort und Übersichtlichkeit kann sich die „QE2" daher schon lange nicht mehr mit der modernen Konkurrenz messen. Dafür verzauberten uns jedoch ihr historischer Charme sowie all die Sonderbarkeiten des „British way of life" – wie sie unter anderem auch in der einzigen schwimmenden Harrods-Dependance der Welt zu bewundern sind.
Super für (ältere) Single-Damen: auf jeder Fahrt befindet sich eine bestimmte Anzahl „Gentleman-Hosts" an Bord. Dabei handelt es sich zumeist um pensionierte Militärs oder Manager, die auf Einladung der Reederei als Tanzpartner zur Verfügung stehen.

Infos & Buchung: **Cunard Seabourn**
Brandsende 6-10, D-20095 Hamburg
Tel. +49-40-41 53 30, Fax +49-40-41 53 34 02
www.cunard.de

EUROPEAN STARS

Baujahr: 2002, Länge: 251 m, Breite: 28,80 m
Passagierkapazität: 1.566, Crew: 711
Außen- und Innenkabinen: 511/272

Einsatzgebiet: Westliches Mittelmeer und die nahen Sonneninseln im Atlantik.
Hauptklientel: Während der Ferienmonate vorwiegend Familien mit Kindern. Ansonsten europäische Paare aller Altersklassen.
Kleiderordnung: Anzug und Cocktailkleid reichen am Abend völlig aus. Ansonsten schien beim Captain's Empfang von der Jeans bis zur Ballrobe einfach jedes Styling ebenso vertreten wie akzeptiert.
Sonstiges: Die „European Stars" ist ein typischer Vertreter der neuen Generation europäischer Mittelklasse-Schiffe: jünger, unkonventioneller und auch in Sachen Sport und Wellness auf dem neusten Stand.
Ungewöhnlich, wenn auch in keinster Weise eine Belästigung: die Tatsache, dass es bei dieser Art Kreuzfahrt nicht mehr nur einen einzigen Abfahrts- und Ankunftshafen gibt, sondern die Passagiere in ihren jeweiligen Heimatländern zu- und aussteigen.
Was uns störte: Die spartanisch-lieblose Kabinen-Ausstattung sowie die vielen kostenpflichtigen Extras (Sauna, Brückenführung, Gourmetrestaurant…), die den niedrigen Grundreisepreis schnell relativieren können. Außerdem die für ein italienisches Schiff eher lustlose und unkreative Küche.
Völlig unakzeptabel: Offener Wein kann in den Hauptrestaurants nur nach den Kriterien „weiß" oder „rot" ausgewählt werden!

Infos & Buchung: **Festival Kreuzfahrten Deutschland**, Ruetersbarg 46
D-22529 Hamburg, Tel. +49-40-55 49 89 10
Fax +49-40-55 49 89 50
www.festivalcruises.com

SILVER SHADOW

Baujahr: 2000, Länge: 186 m, Breite: 24,80 m
Passagierkapazität: 388, Crew: 295
Außen- und Innenkabinen: 194/0

Einsatzgebiet: Rund um den Globus.
Hauptklientel: Vom Routing abhängig. Grundsätzlich gilt jedoch: ca. 70-80 Prozent der Gäste stammen aus den USA und anderen englischsprachigen Ländern. Viele Wiederholer!
Kleiderordnung: Sportlich und casual am Tag, elegant und festlich am Abend.
Sonstiges: Die Silversea-Flotte verfügt noch über ein baugleiches Schwesterschiff sowie über zwei etwas kleinere Luxusliner. Weltweites Aufkreuzen ist also jederzeit und an beinahe jedem Ort garantiert!
Was uns positiv auffiel waren viele kleine Details (von der Frette-Bettwäsche bis zur Bulgari-Badkosmetik) sowie einige, für ein Schiff dieser Klasse, eher ungewöhnliche Ideen: So verzichtete man nicht nur auf feste Tischordnungen und vorgeschriebene Essenszeiten, sondern trennte sich auch gleich von dauerknipsenden Bordfotografen.
Das Resultat von so viel Mut: Hundertprozentiges Privatyacht-Feeling, das dank durchdachtem All-Inclusive-Konzept noch nicht einmal am Bartresen ins Wanken gerät.
Außerdem ein dickes Extralob wert: Die Besatzung, die selbst Unmögliches in Windeseile realisierte und bereits am zweiten Tag alle unsere Gewohnheiten zu kennen schien. *Einzige Wermutstropfen:* Die engen und fensterlosen Spa-Kabinen, in denen beim suitenverwöhnten Gast schon einmal Platzangstgefühle aufkommen können.

Infos & Buchung: Silversea verfügt über keine eigenen Büros im deutschsprachigen Raum. Die Buchung erfolgt daher über **Airtours**
Adalbertstr. 44-48, D-60486 Frankfurt/Main
Tel. +49-69-792 80, Fax +49-69-792 86 05
www.airtours.de, www.silversea.com

AIDA CARA

Baujahr: 1996, Länge: 193 m, Breite: 27,60 m
Passagierkapazität: 1.186, Crew: 370
Außen- und Innenkabinen: 391/202

Einsatzgebiet: Derzeit Mittelmeer und Karibik.
Hauptklientel: Junge Familien, Paare und Singles. Ausschließlich deutschsprachiges Publikum, das viel Wert auf Wellness, Sport und Bordentertainment legt.
Kleiderordnung: Erlaubt ist, was gefällt (mit Ausnahme kurzer Hosen im Restaurant, aber die gefallen ohnehin niemandem...) und nicht nach steifer Abendgarderobe ausschaut.
Sonstiges: Freie Tischwahl, erstklassiges Buffetrestaurant und (auf Wunsch) Unterhaltung bis zum Morgengrauen – die „Aida Cara" unterscheidet sich nur unwesentlich von einem Ferienclub an Land – das obligatorische „Du" zwischen Gästen und Gästen und Besatzung inklusive.
Positiv zu bemerken: Auf jeder Kabine befindet sich eine Glaskaraffe, die auf sämtlichen Kabinengängen kostenlos mit Trinkwasser aufgefüllt werden kann. Angenehm für Familien oder Freundesgruppen mit kleinerem Budget: rund 100 Vierbettkabinen, in denen es sich (trotzdem) ganz bequem wohnen lässt.
Was uns störte: An schönen Seetagen geht es auf dem Sonnendeck so eng zu, dass sich kaum noch ein freies Plätzchen und erst recht kein unbesetzter Liegestuhl mehr finden lässt.

Infos & Buchung: **Seetours**
Frankfurter Str. 233, D-63263 Neu-Isenburg
Tel. +49-6102-81 10 00
Fax +49-6102-81 19 00
www.aida.de, www.seetours.de

AIDA AURA

Baujahr: 2003, Länge: 202 m, Breite: 28,10 m
Passagierkapazität: 1.266, Crew: 418
Außen- und Innenkabinen: 422/211

Einsatzgebiet: Im Sommer ist die „Aida Aura" auf zwei, jeweils einwöchigen Rundkursen im Mittelmeer unterwegs. Während der Wintermonate kreuzen das Schiff und seine fast identische Schwester, die „Aida Vita", in der Karibik und vor Asien.
Hauptklientel: Wie „Aida Cara". Besonders jedoch für Familien mit Kindern zu empfehlen.
Kleiderordnung: Wie „Aida Cara".
Sonstiges: Abgesehen von neuen Balkonkabinen und einer moderneren Möblierung unterscheidet sich die „Aida Aura" (und die „Aida Vita") nur unwesentlich von ihrer „großen, alten" Schwester, der „Aida Cara". Lediglich für Familien bieten die beiden neueren Schiffe mehr Platz und Personal für die Kinderbetreuung.
Spektakulär: Die chicen Nightclubs mit Outdoor-Bars und Open-Air-Dancefloor, wenn es das Wetter zulässt.
Tipp für Sparsame: Spezialangebote, bei denen Sie erst kurz vor Abreise erfahren, auf welcher der drei „Aidas" Sie untergebracht sind.

Meldung in allerletzter Sekunde: Nach Redaktionsschluss erreichte uns die Nachricht, dass die Seetours-Reederei auch ihr Hochseeschiff A'Rosa Blu in die Aida-Flotte integrieren wird. Ab April 2004 soll das Schiff dann als Aida Blu unterwegs sein. Basishafen für die Sommersaison 2004 ist Kiel.

Infos & Buchung: **Seetours**
Frankfurter Str. 233, D-63263 Neu-Isenburg
Tel. +49-6102-81 10 00
Fax +49-6102-81 19 00
www.aida.de, www.seetours.de

EUROPA

Baujahr: 1999, Länge: 198,60 m, Breite: 24 m
Passagierkapazität: 408, Crew: 264
Außen- und Innenkabinen: 204/0

Einsatzgebiet: Weltweit (auch Weltreisen im Programm).
Hauptklientel: Gesetztes deutschsprachiges Publikum. Einige treue Fans und Frequent-Cruiser haben ständig einen Koffer mit Garderobe an Bord und reisen diesem nur noch mit kleinem Gepäck hinterher!
Kleiderordnung: So wie auf jedem anderen Luxusschiff auch kleidet man sich tagsüber eher sportlich-leger. Über die richtige Abendgarderobe informiert das Tagesprogramm. Abendkleid, Smoking, kleines Schwarzes und Kombinationen für die Herren sollten auf jeden Fall dabei sein.
Sonstiges: Angenehm ist die private Atmosphäre an Bord und der reichliche Platz zum persönlichen Rückzug.
Was außerdem gefiel: Das reduziert-luxuriöse Ambiente sowie die komfortabel ausgestatteten Suiten mit jeder Menge High-Tech-Features.
Negativ zu bemerken: Der ohnehin schon viel zu kleine Fitnessbereich ist zu allem Übel nur über ein Außendeck zu erreichen. Eine Tatsache, die besonders in kühleren Gefilden und bei schlechtem Wetter eher ärgerlich ist. Allerdings soll dieses Manko bei den nächsten Umbauarbeiten behoben werden.
Laut mitreisenden Stammgästen eher eine ärgerliche Ausnahme als die traurige Regel: das hoffnungslos überforderte Bordmanagement, das mehr als einmal Kompetenz mit Präpotenz verwechselte.

Infos & Buchung: **Hapag Lloyd Kreuzfahrten**
Ballindamm 25, D-20095 Hamburg
Tel. +49-40-30 01 46 00
Fax +49-40-30 01 46 01
www.hlkf.de

SILJA SERENADE

Baujahr: 1990, Länge: 203 m, Breite: 31 m
Passagierkapazität: 2.626, Crew: 264
Kabinen: 985

Einsatzgebiet: Täglich zwischen Helsinki und Stockholm (gemeinsam mit dem Schwesterschiff „Silja Symphony"). Vergleichbare Schiffe der gleichen Reederei verkehren außerdem zwischen der schwedischen Hauptstadt und dem nördlich von Helsinki gelegenen Turku.
Hauptklientel: Ganz egal ob vielbeschäftigter Geschäftsreisender, spendierfreudiger Wochenendurlauber oder kleiner Rucksacktourist auf ganz großer Fahrt – die Skandinavier lieben ihre Luxusfähren und machen gerne davon Gebrauch…
Kleiderordnung: von Adidas bis Armani und vom Abendkleid bis zum Alltagsoutfit – an Bord soll einfach jeder nach seiner Fasson glücklich werden dürfen.
Sonstiges: Ideal für alle, die es schon immer einmal wissen wollten, aber fürs erste Mal nicht gleich eine ganze Kreuzfahrtwoche buchen möchten.
Vorteil der Fahrpläne: Die Abfahrten am späten Nachmittag lassen genug Zeit für Shopping, Sightseeing und sonstige Aktivitäten an Land. Und wer trotzdem spontan noch eine Nacht länger bleiben möchte, kann sein Fährticket zumeist problemlos umbuchen.
Was uns mitunter etwas negativ „aufstieß": Die für skandinavische Verhältnisse sensationell günstigen Alkoholpreise führen dazu, dass es an Bord nicht nur fröhlich, sondern auch ziemlich „feucht" zugehen kann…

Infos & Buchung: **Silja Line**
Zeißstraße 6, D-23560 Lübeck
Tel. +49-451-589 92 22
Fax +49-451-589 92 43
www.siljaline.de

HANJIN GENEVA

(das Schiff wurde inzwischen in „Cosco Tianjin" umbenannt)

Baujahr: 1997, Länge: 245 m, Breite: 32 m
Passagierkapazität: 5
ein Steward für mitreisende Passagiere
Außen- und Innenkabinen: 3/0

Einsatzgebiet: Die von uns beschriebene Route wird derzeit nicht bedient. Stattdessen ist die „neue" „Hanjin Geneva" heute ausschließlich zwischen Europa und Asien unterwegs.
Hauptklientel: Abenteurer, Aussteiger auf Zeit und alle, denen auch ohne Animationsprogramm lange Seetage noch viel zu kurz vorkommen.
Kleiderordnung: Kleider machen zwar Leute, aber haben Sie jemals einen richtigen Seebären im Smoking gesehen? Also, nehmen Sie nur mit, was bequem und pflegeleicht ist.
Achtung: Die angelaufenen Containerhäfen befinden sich häufig weit außerhalb der ausgeschriebenen Städte. Aufgrund knapp kalkulierter Liegezeiten können Sightseeing-Trips daher mitunter unmöglich sein.
Außerdem sollten Sie stets bedenken, dass Sie zwar zahlender, aber dennoch nur geduldeter Gast an Bord sind. Die Belange der Crew und der Reederei werden also immer Vorrang haben.
Und bitte erwarten Sie keinen shantysingenden Seemannschor oder einen Kapitän der abends die Buddel Rum kreisen lässt. Solche Klischees existieren nämlich nur in schlechten Filmen, nicht jedoch auf hochmodernen High-Tech-Schiffen. Ansonsten gilt jedoch: besser als auf einem Frachter können Sie sich sonst wahrscheinlich nirgendwo erholen!

Infos & Buchung: **NSB-Frachtschiff-Touristik**
Violenstraße 22, D-28195 Bremen
Tel. +49-421-338 80 20
Fax +49-421-338 80 90
www.nsb-frachtschiffreisen.de

STAR PRINCESS

Baujahr: 2002, Länge: 290 m, Breite: 36 m
Passagierkapazität: 2.600, Crew: 1.301
Außen- und Innenkabinen: 939/362

Einsatzgebiet: Im Sommer Alaska, ansonsten weltweit (zusammen mit zwei baugleichen Schwesterschiffen).
Hauptklientel: Hauptsächlich US-Amerikaner und Kanadier. Asiaten und Europäer machen zusammen etwa 20 bis 30 Prozent des Publikums aus. Englischkenntnisse sind empfehlenswert!
Kleiderordnung: Abendgarderobe für die Galaveranstaltungen erforderlich. Für Landausflüge und Deckaufenthalte empfiehlt sich ein (wasserfester) Lagen-Look, da sich im Alaska-Sommer Sonne, Wind und Regen minütlich abwechseln können.
Sonstiges: Ideal für Individualisten ist das Konzept des „Personal Choice Cruising", das es jedem Gast selbst überlässt, „wann er wo speisen" „oder sich eine Show ansehen möchte". Für alle, die etwas mehr Zeit (und Geld) mitbringen, empfiehlt sich der Verlängerungsaufenthalt in einer der reedereieigenen Lodges an Land. Die dazugehörigen „Kombi-Packs" sind nämlich so perfekt aufeinander abgestimmt, dass Sie dabei sowohl ohne Mietwagen als auch ohne lästiges Kofferschleppen auskommen.
Bitte beachten: Wer Alaska noch naturnäher erleben möchte, sollte eher nach einem kleineren Schiff Ausschau halten.

Infos & Buchung: **Seetours**
Frankfurter Str. 233, D-63263 Neu-Isenburg
Tel. +49-6102-81 10 00
Fax +49-6102-81 19 00
www.a-rosa.de, www.seetours.de.

ADVENTURE OF THE SEAS

Baujahr: 2001, Länge: 311 m, Breite: 48 m
Passagierkapazität: 3.114, Crew: 1.181
Außen- und Innenkabinen: 939/618

Einsatzgebiet: Karibik (unterschiedliche Routen auf vier baugleichen Schiffen).
Hauptklientel: 90 Prozent der Reisenden stammen aus den USA, der Rest aus allen anderen Teilen der Welt. Viele Familien und Honeymooner. Sehr viel jüngeres Publikum.
Kleiderordnung: Bei offiziellen Anlässen legen die meisten Gäste Wert auf fest-lich-korrekte Kleidung. Die riesigen Ausmaße des Schiffes sowie das vielfältige Restaurantangebot erlauben es jedoch auch ohne (Leih)Smoking und Abendrobe glücklich und satt zu werden.
Sonstiges: Addiert man Passagiere und Crew zusammen, dann kommt man locker auf die Einwohnerzahl einer bundesdeutschen Kleinstadt. Egal ob Sie nur den nächsten Lift suchen oder während des Sonnenbadens mal schnell auf die eigene Kabinentoilette wollen – die Wege sind weit und die Chancen sich zu verlaufen hoch. Ein weiterer kleiner *Nachteil von so viel Größe*: An Bord geht es recht anonym zu und mitunter kann es Tage dauern, bis ein Ihnen bekanntes Gesicht wieder einmal an irgendeiner Bar auftaucht. Doch dafür entschädigt ein bis ins Detail durchdachtes Kreuzfahrt-Konzept, das keine Wünsche offen lässt.
Tipp: Obwohl das Bordprogramm auch in deutscher Sprache gedruckt wird, sollten Sie in der Lage sein, sich auf Englisch ausdrücken zu können.

Infos & Buchung: **Royal Caribbean Cruise Lines**
Kennedeyallee 87, D-60596 Frankfurt am Main
Tel. +49-69-920 07 10
Fax +49-69-920 07 192
www.rccl.de

WORLD DISCOVERER

Baujahr: 1989 (vollständiger Umbau 2002)
Länge: 108 m, Breite: 15,40 m
Passagierkapazität: 160, Crew: 90
Außen- und Innenkabinen: 87/0

Einsatzgebiet: Weltweit, hauptsächlich jedoch Zielgebiete, die von weniger expeditionstauglichen Schiffen nicht angelaufen werden können.
Hauptklientel: Je zur Hälfte Amerikaner und Deutsche. Zumeist ein sehr ungezwungenes und reiseerfahrenes Publikum.
Kleiderordnung: An Bord geht es ungezwungen und leger zu. Auf Dresscodes legt hier keiner Wert, auf eine funktionale, den Zielgebieten angepasste Kleidung hingegen jeder.
Sonstiges: Schont den Geldbeutel und erhöht das Vergnügen: Sämtliche Ausflüge sowie die mitunter mehrmals täglich stattfindenden Zodiac-Anlandungen sind im Reisepreis inbegriffen. Ebenso umsonst und ein super Souvenir von der Reise: die feuerroten Expeditionsparkas! Andere Ausrüstung, wie zum Beispiel Regenhosen oder Gummistiefel, kann problemlos ausgeliehen werden.
Gewöhnungsbedürftig: Es ist an Bord nicht üblich seine Kabinentüren zu verschließen und alle Mitreisenden sowie die Besatzungsmitglieder via Schlüsselbrett darüber zu informieren, ob man sich gerade an Land befindet oder nicht. Erfahrene Antarktis-Kreuzfahrer lobten während unserer Reise die hohe Qualität der Fachvorträge an Bord und das Engagement der Besatzung beim Ausfindigmachen geeigneter Anlandungsstellen.

Infos & Buchung: **Society Expeditions**
Marcusallee 9, D-28359 Bremen
Tel. +49-421-238 03 60
Fax +49-421-238 03 33
www.societyexpeditions.com

ROYAL CLIPPER

Baujahr: 2000, Länge: 134 m, Breite: 16,50 m
Passagierkapazität: 230, Crew: 100
Außen- und Innenkabinen: 108/6

Einsatzgebiet: Vorwiegend Mittelmeer und Karibik.
Hauptklientel: Während der Sommermonate hauptsächlich Europäer. In der Karibik sind viele Amerikaner an Bord. Auch beim jüngeren Publikum sehr beliebt.
Kleiderordnung: Statt Smoking und Abendkleid besser rutschfestes Schuhwerk für feuchte Holzdecks einpacken!
Sonstiges: Zuerst die schlechte Nachricht: Besonders im Mittelmeer kann mangels Wind und aufgrund des engen Zeitplans nicht immer unter Segeln gefahren werden. Doch keine Angst, das ganz besondere Gefühl mit dem Nachbau der legendären „Preußen" unterwegs zu sein, setzt auch unter Motorkraft ein.
Trotz für Segelschiffe typischer Platzprobleme wirken sämtliche Gesellschaftsräume sowie die Kabinen erstaunlich großzügig. Mindestens einen Pluspunkt wert sind die drei(!) Swimming-Pools auf dem Sonnendeck.
Unverständlich für ein Schiff dieser Klasse erschien uns das schlecht ausgebildete Personal im Servicebereich und die Qualität der Küche.
Was uns positiv auffiel: Die Tatsache, dass man als Gast jederzeit auf der Brücke willkommen ist, sowie die familiär freundliche Atmosphäre unter den Mitreisenden.

Infos & Buchung: **Star Clippers**
Konrad-Adenauer-Straße 4
D-30853 Hannover-Langenhagen
Tel. +49-511-726 65 90
Fax +49-511-72 66 59 20
www.starclippers.de